Bücherliebe

Eine Bilderreise in die Welt des Lesens

KUNTH

名著传记
艺术摄影
党政图书
艺术
生活旅行

D wie … Dujiangyan

Unendlich scheinen sich die Bücherregale in dieser Buchhandlung der Kette Zhongshuge im chinesischen Dujiangyan in die Höhe zu schrauben.

W wie … Weimar

Goethe lebte in dem 1709 erbauten Barockhaus am Frauenplan von Weimar fast ein halbes Jahrhundert. Von 1782 bis zu seinem Tod 1832 bewohnte er die Räume, von denen das Junozimmer ästhetisch besonders hervorsticht. Neben den Zimmern und der Bibliothek sind seine kunst- und naturwissenschaftlichen Sammlungen zu besichtigen.

SOUTH AFRICAN
FICTION
Tutu
MANDELA
THE MANDELA FILES
ZOO CITY
LAUREN BEUKES
REDEMPTION SONG
ZUMA EXPOSED
Debbie CALITZ
For Kak's Sake!
RATBURGER
Cookie
DEATH OF AN IDEALIST
JERUSALEM

J wie … Johannesburg

»Love Books« ist der passende Name dieser Buchhandlung im südafrikanischen Johannesburg. Der Laden im Stadtteil Melville lädt mit einer heimeligen Atmosphäre und vielen Veranstaltungen zum ausgeprägten Stöbern ein.

Abbatis
Lecturæ
Joh. Andreæ Novella
sup. Decretal. L. I

B wie … Bernkastel-Kues

In Bernkastel-Kues befindet sich das 1458 von Nikolaus von Kues gestiftete Cusanusstift. Bis heute versieht das Stift seinen Dienst als Altenheim. Die über 500-jährige Tradition schlägt sich auch im historischen Weingut des Stifts nieder, und in seiner mittelalterlichen Bibliothek, die über der Kapelle untergebracht ist. Dabei handelt es sich um eine der wertvollsten privaten Handschriftensammlungen.

R wie … Rio de Janeiro

Das Real Gabinete in Rio de Janeiro ist Brasiliens Refugium für portugiesische Kultur und eine der schönsten Bibliotheken der Welt.

V
wie …
Vorwort

Magie der Bücher

Die Liebe zum gedruckten Wort ist für viele leicht zu begreifen: Bücher haben die einzigartige Fähigkeit, uns in andere Welten zu entführen, unsere Vorstellungskraft zu beflügeln und uns in unbekannte Abenteuer eintauchen zu lassen, ohne dass wir unseren physischen Standort verlassen müssen.
Doch was ist mit Buchhandlungen, Bibliotheken oder der Tatsache, dass wir an keinem Bücherschrank vorbeigehen können? Diese Orte sind wie Schatzkammern des Wissens. In Buchläden kann man stöbern, in den Seiten blättern, sich von Coverdesigns verzaubern lassen und eine Welt der Literatur in den Händen halten. Jeder Buchladen hat seine eigene Persönlichkeit, angefangen von gemütlichen, unabhängigen Buchhandlungen bis hin zu großen Ketten, die Bücherliebhaber aller Art anziehen. Und Bibliotheken sind nicht nur kunstvolle Aufbewahrungsorte für Bücher, sondern auch Treffpunkte für Wissbegierige, die die Freude am Lesen teilen.
Dass diese Bücherliebe so universell wie einzigartig ist, zeigen die Seiten dieses Buches, das eine Hommage an die globale Welt der Bücherliebe ist.

YJY Maike Centre Flagship Store im chinesischen Xi'an.

Z wie … Zwerge

Über 300 der mal lustigen, mal nachdenklichen Kerlchen bevölkern das gesamte Stadtgebiet von Breslau, und es werden immer mehr. In unterschiedlichen Kostümen stellen sie verschiedenste Themen dar, die oft vom Standort inspiriert sind. Vor der theologischen Buchhandlung der Erzdiözese sitzt Kaspar, der Druckerzwerg.

D wie … Delamain

Die Librairie Delamain in Paris ist eine renommierte Buchhandlung mit einer faszinierenden Geschichte. Seit ihrer Gründung im 18. Jahrhundert hat sie Generationen von Lesern angezogen. Ihr charmantes, traditionelles Äußeres und ihre gemütliche Atmosphäre machen sie zu einem beliebten Treffpunkt für Buchliebhaber.

I wie ...
Inhaltsverzeichnis

A wie ...

Admont 20
Alexandria 22
Amsterdam 24
Antwerpen 26
Athen 28
Atlantis Books 30

B wie ...

Bad Schussenried 34
Baltimore 36
Bangkok 38
Banon 40
Barcelona 42
Berlin 44
Bibel 46
Blockdruck 48
Bloomsday 50
Bonn 52
Bordighera 54
Bösewichte 56
Bouquinistes 58
Braille 60
British Library 62
Buchbinder 64
Bücherschränke 66
Budapest 68
Bukarest 70

C wie ...

Cesena 74
Chongqing 76
City Lights 78
Clementinum 80
Coimbra 82
Corvey 84

D wie ...

Daunt Books 88
Debrecen 90
Deutsche Nationalbibliothek 92
Dongba-Manuskripte 94
Dublin 96
Durban 98

E wie ...

Eco, Umberto 102
Edinburgh 104
Eine-Erde-Altar 106
El Ateneo 108
El Escorial 110
Ephesos 112
Exlibris 114
Exzentrisch! 116

G wie ...

Goethe, Johann Wolfgang von 120
Görlitz 122
Guiyang 124
Gutenberg-Bibel 126

H wie ...

Hauptmann, Gerhart 130
Helsinki 132
Hemingway, Ernest 134
Hesse, Hermann 136
Holmes, Sherlock 138
Hôtel de Béhague 140
Hotels 142
Hugo, Victor 144

I wie ...

Iowa 148
Island 150
Istanbul 152

K wie ...

Kalligrafie 156
Kasinos 158
Keilschriften 160
Kerman 162
Kolkata 164
Kopenhagen 166

L wie ...

Lagerlöf, Selma 170
Le Somail 172
Leipzig 174
Lille 176

Linné, Carl von 178
Lissabon 180
Literarität 182
Los Angeles 184

M wie …

Madrid 188
Mafra 190
Mailand 192
Manchester 194
Mann, Thomas 196
Marienstatt 198
Marpha 200
Mäusegroß 202
Mobile Büchereien 204
Morgan Library 206
Montevideo 208

N wie …

Neresheim 212
Neustift 214
New York City 216

O wie …

Oasen 220
Óbidos 222
Österreichische Nationalbibliothek 224
Ottawa 226
Ottobeuren 228
Oxford 230

P wie …

Pannonhalma 234
Paris 236
Paseo del Prado 238
Peking 240
Pondicherry 242
Porto 244
Powell's Books 246
Prag 248
Puebla 250

R wie …

Rabat 254
Riga 256
Rio de Janeiro 258
Ritterlich! 260

S wie …

St. Gallen 264
Santander 266
Santiago de Compostela 268
Schlägl 270
Schauspielerinnen 272
Shakespeare and Company 274
Shakespeare, William 276
Shaoyang 278
Stockholm 280
Strahov, Kloster 282
Strand Book Store 284
Stuttgart 286

T wie …

Tartu 290
Teuer! 292
Tripitaka Koreana 294

U wie …

Ulm 298
Uralt! 300
Utrecht 302

V wie …

Van der Velde Boeken 306
Vasconcelos, Biblioteca 308
Vatikan 310
Vennesla 312
»Le Volcan« 314

W wie …

Waldsassen 318
Washi 320
Washington, D.C. 322
Weimar 324
Weltenschöpfer 326
Wien 328
Winchester 330
Wolfenbüttel 332

Register 334
Bildnachweis · Impressum 336

S wie …
Sanaa

Buchlieferung mal anders: Ein jemenitischer Buchhändler bringt seine kostbaren Schätze in perfekter Haltung zu seinen Kunden.

P wie …
Paris

Eine der berühmtesten Buchhandlungen Europas und immer noch eine Pariser Institution: Shakespeare and Company, 1919 von Sylvia Beach eröffnet.

wie …

Autorin, Abenteuerroman, Absatz, Alice im Wunderland, Auflage, Austen, Anthologie, Almanach, Allende

Das Château d’Abbadia ist ein malerisches Schloss an der baskischen Küste Frankreichs, in der Nähe der Stadt Hendaye. Das Schloss wurde im 19. Jahrhundert von dem berühmten Architekten Eugène Viollet-le-Duc entworfen. Die dramatischen Türmchen, die Spitzbögen und das komplizierte Mauerwerk machen es zu einer architektonischen Besonderheit. Ursprünglich wurde das Schloss von Antoine d’Abbadie, einem französischen Entdecker und Wissenschaftler, in Auftrag gegeben und sollte sowohl als Wohnsitz als auch als Observatorium dienen.

A wie … Admont

Bücherschatz in Stift Admont

Am westlichen Eingang zum Gesäuse, einer schluchtartigen Engführung des Flusses Enns, thront das Benediktinerstift Admont. Ein Großteil dieser bereits 1074 von Mönchen aus St. Peter in Salzburg besiedelten und dank Salzgewinnung und Erzabbau zu immensem Reichtum gelangten Abtei fiel im Jahr 1865 einem Brand zum Opfer. Beinahe alle Trakte und auch das Münster sind Neubauten aus den Jahren danach. Verschont blieb damals wie durch ein Wunder die berühmte barocke Bibliothek mit ihren kostbaren Buchbeständen, den 1400 Handschriften und beinahe 1000 Inkunabeln. Öffnet man die unscheinbare Tür zu ihrem lichtdurchfluteten Prunksaal, versteht man, warum er nach seiner Vollendung im Jahr 1776 »das achte Weltwunder« genannt wurde: In den weiß-goldenen Regalschränken stehen etwa 70 000 Bände dicht aneinandergereiht.

Bei der Bibliothek von Stift Admont handelt es sich um den größten klösterlichen Büchersaal der Welt. Details wie die lebensgroßen Holzfiguren von Joseph Thaddäus Stammel über Tod, Gericht, Himmel und Hölle (rechts) lohnen eine genaue Betrachtung.

A wie …
Alexandria

Bibliotheca Alexandrina

Ägyptens legendäre Hafenstadt Alexandria wurde noch vor zwei, drei Generationen schwärmerisch »Perle des Mittelmeeres« genannt. Mittlerweile ist der Glanz verblasst. Doch zwei Projekte sollen sie erneut zu einem geistigen und kulturellen Zentrum machen, zu einem Brennpunkt des Wissens zwischen arabischer, afrikanischer und mediterraner Welt: die 1990 gegründete Senghor-Universität und die neue »Bibliotheca Alexandrina«. Letztere – ein kolossaler, von einem internationalen Architektenteam unter norwegischer Führung entworfener Meilenstein postmoderner Weltarchitektur – wurde nach längeren Verzögerungen im Jahr 2002 eröffnet und bietet Raum für 4,5 Millionen Bücher.
Ob sie ihrer antiken Vorgängerin, auf deren Boden sie steht, jemals das Wasser wird reichen können? Immerhin galt jene zu Beginn des 3. Jahrhundert v. Chr. von Ptolemaios I. gegründete Institution als wichtigste Bibliothek des Altertums und war von entscheidender Bedeutung für die Ausbreitung des griechischen Geistes und die Entwicklung der antiken Wissenschaft. Nicht zufällig ersannen in ihrem Umfeld Aristarch erstmals ein heliozentrisches Weltbild und Archimedes seine Schraube sowie den Flaschenzug, berechnete Erathostenes von Kyrene den Erdumfang, verfassten Euklid sein Lehrbuch der Geometrie und Ptolemäus seinen Grundriss der Sternenkunde.

Den Anstoß zur Neugründung gaben ägyptische Professoren, sie wurden dabei von der UNESCO unterstützt.

A wie … Amsterdam

Amsterdamer Bücherwelten

Die Geburtsstunde des Rijksmuseums ist 1800. Seither ist es stets gewachsen und präsentiert nun in einem Neorenaissancebau vor allem niederländische Meister. Rembrandts »Nachtwache« ist zu sehen. Neben weiteren weltberühmten alten Meistern wie Ruisdael und Vermeer sind mehr als sieben Millionen Kunstwerke aller Epochen, Genres und Provenienzen zu sehen. Von einem Balkon blicken Museumsbesucher in die Cuypersbibliotheek von 1885, die größte und älteste kunsthistorische Bibliothek der Niederlande. Über mehrere Stockwerke hinweg türmen sich die Bücher um einen ästhetischen Innenhof, eine enge Spiraltreppe verbindet die Galerien.

Die Cuypersbibliothek, benannt nach dem Architekten Pierre Cuypers (1827–1921), ist die älteste kunstgeschichtliche Bibliothek der Niederlande und befindet sich im Rijksmuseum in Amsterdam.

OBA Oosterdok

Amsterdams Openbaare Bibliotheek hat ihren Hauptsitz im Hafen auf dem Oosterdokseiland. In dem extravaganten Gebäude von 2007, das Jo Coenen entwarf, verteilen sich Büchersäle und 1000 Leseplätze auf zehn Etagen. Im Erdgeschoss sind ein Café und die Zeitungs- und Zeitschriftenabteilung angesiedelt, die auch internationale Ausgaben bereithält. Originell mit Rundregalen gestaltet ist die Kindersektion im Untergeschoss.

Anne Frank Haus

Anne Franks Tagebücher gaben der Geschichte der Judenverfolgung unter der Naziherrschaft ein persönliches Gesicht. Das sensible, weltoffene Mädchen, am 12. Juni 1929 in Frankfurt geboren, lässt den Leser teilhaben an seinen Gefühlen und Erwartungen sowie am Alltag in dem Amsterdamer Versteck, das ihre jüdische Familie zwei Jahre lang, von Juli 1942 bis August 1944, beherbergte. Nach der Verhaftung und Deportation der Familie Frank wurden Annes Tagebücher von Miep Gies, einer Freundin der Familie, in dem nun verlassenen Hinterhaus gefunden. Nach seiner Rückkehr aus Auschwitz übergab man sie Otto Frank, dem Vater und einzigen Überlebenden der Familie. Über Bekannte gelangten die von ihm abgetippten Texte Anne Franks in die Hände des niederländischen Historiker-Ehepaars Jan Romein und Annie Romein-Verschoor. Heute gehört das Werk weltweit zu den meistgelesenen Büchern. Die Originaltagebücher befinden sich im Amsterdamer Anne Frank Haus.

A wie … Antwerpen

Buchhauptstadt Antwerpen

Die zweitgrößte Stadt Belgiens, wichtiger Hafenort und Zentrum des Diamantenhandels, lockt Kreative an. Antwerpen ist die Buchmetropole Flanderns, des niederländischsprachigen Teils des Landes. Etwa 100 Organisationen in der Stadt an der Schelde befassen sich mit Produktion und Vertrieb von Büchern: Verlage, Buchhandlungen, Bibliotheken und Museen, Literaturagenten, der flämische Autorenverband und natürlich die zahlreichen hier lebenden und wirkenden Autoren. Im Jahr 2003 wurde die Initiative Antwerpen Boekenstad (Antwerp Book City) gegründet, um eine literaturorientierte Politik der Stadt umzusetzen. Ein Jahr später ernannte die UNESCO Antwerpen zur World Book Capital. Auch Literatuur Vlaanderen ist in Antwerpen ansässig, eine Organisation, die flämische Literatur im In- und Ausland sichtbar macht.

Museum Plantin-Moretus

Im 16. Jahrhundert gehörte Antwerpen zu den drei größten Publikationszentren in Europa. Das bedeutendste Druckhaus war die Officina Plantiniana des Humanisten Christophe Plantin (1520–1589). Sie bestand aus mehreren zu einem Patrizierhaus gehörigen Werkstätten. An den Pressen waren etwa 80 Arbeiter beschäftigt, unter ihnen 22 Schriftsetzer, 32 Drucker und drei Korrektoren. 1689 übernahm Plantins Schwiegersohn Jan Moretus die Firma. Die Weltkulturerbestätte umfasst das gesamte Gebäude sowie die aus verschiedenen Epochen stammende Inneneinrichtung, den Wohnbereich, die Werkstätten, die Arbeitsgeräte und die kostbaren Sammlungen. Das Museum präsentiert neben frühen Drucken auch etwa 15 000 Holzdruckstöcke.

2450 Bücher wurden in den Werkstätten Christophe Plantins von 1555 bis 1598 gedruckt. Das sind durchschnittlich 57 Bücher pro Jahr. Plantin war einer der führenden Verleger des 16. Jahrhunderts und trug entscheidend zur Verbreitung des natur- und geisteswissenschaftlichen Wissens der Humanisten bei. Im Druckereimuseum steht heute die älteste Druckerpresse der Welt.

A **wie …**
Athen

Literarisches Athen

Selbstredend blickt Athen auf eine reiche literarische Vergangenheit zurück. Die antike Mythologie und ihre Schriftsteller, allen voran Sophokles und Platon, hatten einen tiefgreifenden Einfluss auf die Kulturgeschichte der Menschheit. Weniger bekannt ist, dass sich auch die moderne Literatur in der griechischen Hauptstadt fest etabliert hat. Athen brachte zwei Literatunobelpreisträger hervor – Giorgos Seferis (1900–1971) und Odysseas Elytis (1911 bis 1996) – und besitzt eine lebendige Verlagsszene. Zwar hinterließ die Wirtschaftskrise ihre Spuren, doch zeitgenössische Autoren antworteten mit einer Fülle Publikationen. Nicht von ungefähr also wurde Athen 2018 zur Welthauptstadt des Buches gekürt.

Stavros Niarchos Foundation Cultural Center

Der futuristische, vom italienischen Stararchitekten Renzo Piano entworfene Bau an der Bucht von Kallithea beherbergt seit 2016 die Griechische Nationalbibliothek und die Nationaloper. Im Rahmen einer Führung lernt man die Einrichtungen der Bibliothek kennen, genießt vom höchsten Punkt des Gebäudes – dem »Leuchtturm« – den Blick über Athen und wandelt durch den unter ökologischen Aspekten angelegten Landschaftsgarten.

Die neue Nationalbibliothek befindet sich im Stavros Niarchos Foundation Cultural Center, einem spektakulären Neubau von Renzo Piano.

Open
Antiquarian
PHILOSOPHY
English Books
Ελληνικά Βιβλία
Deutsche Bücher
Livres Francais
Libri Italiani
Libros Españoles
中文图书
etc...
SANTORIN
Ladies and Gentlemen:
TODAY
[Atlantis Books]
will open its doors from
10AM to MI HT
We look forward to greeting you.
For deliveries and inquiries,
please call us at
22860 72346

A wie … Atlantis Books

Santorins schönste Inselbuchhandlung

In Oia auf der Insel Santorin, in einer gepflasterten Gasse angesiedelt, liegt die wahrlich extravagante Buchhandlung Atlantis Books. Die Regale wachsen bis in den Patio hinaus, von dem aus man die Ägäis überblickt, und die Fassade ist mit Büchern bemalt. Innen erzählt ein Zeitstrahl an der Decke von der Geschichte des Ladens und den Gründern, die aus Zypern, England und den USA kamen. Der Schwerpunkt des bunten Angebots liegt auf moderner Klassik, außerdem gibt es Gedichtbände sowie Bücher über Philosophie und Kunst, dazu auch eine schöne Auswahl an seltenen antiquarischen Bänden und an kostspieligen Erstausgaben für Sammler. Eine ganze Palette an unterschiedlichsten Sprachen, darunter sogar Chinesisch, wird abgedeckt. Etwas Zeit zum Stöbern sollte man unbedingt mitbringen!

Gebrauchte und neue Bücher, Bücher in sieben Sprachen, Erstausgaben und Sammlereditionen: Atlantis Books ist ein Festort für Bibliophile.

wie …

Buchmarkt, Beowulf, Belletristik, Bestseller, Baudelaire, Buchpreisbindung, Buchmesse, Bilbo Beutlin, Bibliothek

Die Bosu-Dong Book Alley im südkoreanischen Busan ist voll von Buchläden, die überwiegend gebrauchte Bücher verkaufen, und hat sich zu einer Touristenattraktion für Leseratten entwickelt.

B wie …
Bad Schussenried

Klösterliche Perfektion

Eine der größten Sehenswürdigkeiten der Oberschwäbischen Barockstraße ist zweifelsohne die Klosterbibliothek Bad Schussenried. Der Spätbarocksaal ist das optische Aushängeschild des Klosters und gilt als der schönste zu besichtigende Raum. »Festsäle des Wissens und der Wissenschaft« – so die Schussenrieder Mönche, sollten Bibliotheken wie die ihre sein. Das Ziel war, sich »als forschende, studierende und lehrende Institutionen zu zeigen«. In Bad Schussenried entstand ein lichtdurchfluteter, zweistöckiger Saal mit einem dominierenden Deckengemälde. Der Maler Franz Georg Hermann und der Bildhauer Fidelis Sporer erhielten den Auftrag, den hellen, freundlichen Raum nach den Ideen des Abts Nikolaus Kloos zu gestalten. 1757 wurden die Fresken erstmals öffentlich präsentiert, 1766 die Skulpturen fertiggestellt. Da auf die optische Erscheinung der Bibliothek großen Wert gelegt wurde, gab es in einigen Schränken nur Bücherattrappen zu sehen; das einheitliche Bild sollte nicht gestört werden. Nicht einmal durch Lesepulte, die teils ausklappbar und in den Unterschränken versteckt waren.

Das Deckenfresko zeigt das Wirken der göttlichen Weisheit in Wissenschaft, Kunst und Technik.

B wie …
Baltimore

George Peabody Library

Als Dank für ihre »Freundlichkeit und Gastfreundschaft« finanzierte der amerikanische Geschäftsmann und Philantrop George Peabody (1795–1869) den Bürgern von Baltimore das Peabody Institute. Ein nachhaltigeres Geschenk hätte er der Stadt nicht hinterlassen können, gehört die aus dieser Sammlung entstandene Bibliothek doch heute zu den schönsten in ganz Amerika. Der neoklassizistische Bau von 1878 setzt die 300 000 Bände, vorwiegend Literatur aus England und Amerika sowie Werke über Kunst und Geschichte, prachtvoll in Szene: Der fünfstöckige Lesesaal mit seinen verzierten Säulen, den Balkonen aus Schmiedeeisen und dem Fußboden aus weißem und schwarzem Marmor mutet beinahe sakral an. Kein Wunder, dass auch Brautpaare gern für Hochzeitsfotos hierher kommen.

Heute fällt die Peabody Library in den Zuständigkeitsbereich der renommierten Johns Hopkins University von Baltimore. Als »Kathedrale für Bücher« plante Architekt Edmund George Lind den Lesesaal, der auch heute noch als einer der schönsten der Welt gilt.

NUMERACY TESTS

wie … Bangkok

Mit 10 000 Verkaufsständen ist der Chatuchak-Markt im Norden Bangkoks der größte Wochenmarkt der Welt. Und natürlich gehören zwei komplette Standreihen auch den Buchhändlern.

L I B R A
LE BL

B wie … Banon

Die Librairie le Bleuet im südfranzösischen Banon gilt als eine der schönsten Buchhandlungen des Landes.

Biblioteca de Catalunya

Schon im 12. Jahrhundert befand sich am Ort des heutigen Hospital de la Santa Creu ein Pilgerhospiz. 1401 wandelte man diese Anlage in ein allgemeines Krankenhaus um. Wenig später hatte es bereits den Ruf, eines der besten Spitäler im ganzen Abendland zu sein. Auch ein Waisenhaus und eine Nervenheilanstalt gehörten dazu. Die heutigen Gebäude wurden ab 1417 im Stil der katalanischen Gotik errichtet und im 16./17. Jahrhundert durch Anbauten ergänzt. Besonders eindrucksvoll sind der Kreuzgang und die Innenhöfe. Noch bis 1930 war der Komplex als städtisches Krankenhaus in Betrieb. Hier starb auch Antoni Gaudí 1926 an den Folgen eines Straßenbahnunfalls. Heute ist der Hauptteil der Gebäude mit den gotischen Sälen Sitz der katalanischen Nationalbibliothek und des Institut d'Estudis Catalans. Die ehemalige Krankenhauskapelle dient als Ausstellungsraum.

In einem der alten Krankenhaussäle des Antic Hospital de la Santa Creu mit seinen schönen Gewölben ist die Katalogabteilung der katalanischen Nationalbibliothek eingezogen. Unter den Gurtbögen und dem alten Dachstuhl sind die Handbibliothek und die Leseplätze der Bibliotheksbenutzer untergebracht.

Grimm-Zentrum

Wie passend, dass die gemeinsame Zentralbibliothek der Universitätsbibliothek und der Computer- und Medienservice der Humboldt-Universität ausgerechnet nach dem Brüderpaar benannt sind, das die deutsche Sprache und Literatur so maßgeblich beeinflusste wie kaum ein anderer: Jacob-und-Wilhelm-Grimm-Zentrum heißt der im Jahr 2009 eröffnete Bau. Zehn Etagen hat der Schweizer Architekt Max Dudler gestaltet, in denen über 2,5 Millionen Bücher gelagert sind. Die Leseterrassen im zentralen Lesesaal bilden das Herzstück des Zentrums der Humboldt-Universität.

Buchhandlung Bücherbogen Savignyplatz

25 000 Bücher zu den Themenbereichen Architektur, Design, Kunst und Fotografie finden im Bücherbogen Platz, eine Buchhandlung die nicht nur aufgrund ihrer Architektur, sondern auch aufgrund ihrer Größe zu Recht zu den schönsten Berlins zählen darf.

B wie … Berlin

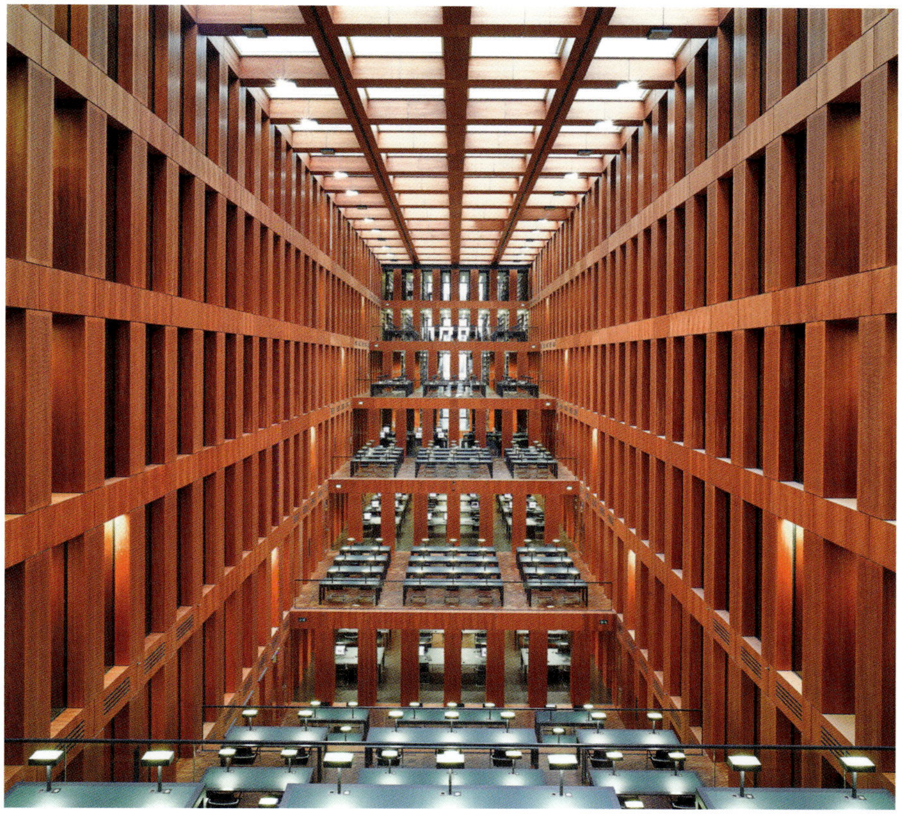

Literaturstadt Berlin

Berlin steckt voll Literaturgeschichte, angefangen mit den Klassikern wie Goethe und Schiller. Berlin war Heimat von Heinrich Heine, Alfred Döblin und Bertolt Brecht. Auch die Literaturszene der Gegenwart ist äußerst lebendig, mit zahlreichen Autorenlesungen und anderen Events. Zahlreiche Verlage sowie oft auf bestimmte Genres spezialisierte Buchhandlungen sind in Berlin ansässig.

Philologische Bibliothek der FU Berlin
Markante Glasfassaden und offene Räume kennzeichnen den von Sir Norman Foster entworfenen Bau der Philologischen Bibliothek der Frei Universität in Dahlem. Wegen der beiden verschachtelten Gebäudeebenen im Inneren wird der Bau auch anerkennend »Berlin Brain« genannt.

Linke Seite: Gebäudeeingang der Philologischen Bibliothek; links oben: Lesesaal im Grimm-Zentrum; links unten: Buchhandlung Bücherbogen am Savignyplatz.

B wie …
Bibel

Buch der Bücher

Als eine der weltweit meistgelesenen Schriften gilt die Bibel als »Buch der Bücher«. Vielen Menschen dient sie als Grundlage für ihren Glauben und ihre Lebensführung, bietet ihnen Inspiration sowie Trost in schwierigen Phasen. Von verschiedenen Autoren zu unterschiedlichen Zeiten geschrieben, ist sie aber auch ein historisches und kulturelles Dokument. Enthalten sind Gebete, Geschichten, Gesetze, Prophezeiungen und Weisheiten. Die christliche Bibel setzt sich aus zwei Teilen zusammen. Während das Alte Testament große Parallelen zur jüdischen Thora zeigt, enthält das Neue Testament die Lehren von Jesus Christus und seinen Jüngern. Obwohl zuweilen historische Ungenauigkeiten und patriarchalische Inhalte der Bibel kritisiert werden, ist sie doch nach wie vor ein faszinierendes, einflussreiches Werk.

Oft benutzt scheint diese Bibel in der Dorfkirche von Naidi auf dem zu den Fidschi-Inseln gehörenden Eiland Vanua Levu.

B wie …
Blockdruck

Chinas uralte Druckkunst

Wer Gutenberg als den Erfinder des Buchdrucks bezeichnet, wird von den schon im 7. Jahrhundert genutzten Blockdrucktechniken Chinas eines Besseren belehrt.
Das Blockdruckverfahren ist, rund 800 Jahre bevor es in der Mitte des 15. Jahrhunderts in Europa aufkam, in China entwickelt worden. 1974 fanden Archäologen in Xi'an Hanfpapier mit einer im Blockdruckverfahren aufgetragenen buddhistischen Sutra aus dem letzten Drittel des 7. Jahrhunderts. Auch andere Funde aus der Zeit der Tang-Dynastie (617–907) weisen darauf hin, dass sich der Blockdruck zugleich mit dem Buddhismus in China verbreitete.
Das Verfahren erfordert sehr viel handwerkliches Geschick sowie Fingerspitzengefühl und ist Teamarbeit. Für die zwei Zentimeter dicken Blöcke wird in China fast ausschließlich das Holz des Birnbaums oder der Gummiulme verwendet. Bevor sie mit der eigentlichen Arbeit beginnen, fertigen die Drucker eine Musterzeichnung des zu druckenden Textes oder Bildes an. Dann schnitzen sie mit verschiedenen Werkzeugen Schriftzeichen und Motive so in das Holz, dass diese etwas aus dem Block herausragen. Nach einem Probedruck tragen die Drucker Tinte auf die erhöht stehenden Teile, legen Papier darauf und gehen mit einer speziellen Bürste darüber. Sind die Seiten trocken, werden sie von Hand zusammen-

gebunden. Für kolorierte Drucke, die in China zuerst in der Ming-Zeit (1368 bis 1644) aufkamen, fertigen die Drucker für jede Farbe einen einzelnen Druckblock an.

In China gilt der Blockdruck als wichtiger Teil des kulturellen Erbes. In Yangzhou, einem Zentrum der Druckerkunst, kümmern sich das Block Printing Museum und ein Institut um die Weitergabe und Pflege der Tradition. Mithilfe der Blockdrucktechnik gelang es dort, viele Tausend historische Schriften zu restaurieren.

Buddhistische Sutras, kurze Verse oder Texte über die Lehren Buddhas, werden von Mönchen häufig nach wie vor mit der Blockdrucktechnik vervielfältigt (linke Seite oben). Oben: Viel Fingerspitzengefühl und Konzentration bedarf es beim Schnitzen der reliefartigen Buchstaben ins Holz – Ausradieren oder Ähnliches ist schließlich nicht möglich.

B wie …
Bloomsday

Dublins Feiertag

Der 16. Juni 1904 ist in die Literaturgeschichte eingegangen: An diesem Tag spielt in Dublin der 1922 erschienene Roman »Ulysses« von James Joyce. Die Leser verfolgen Leopold Bloom minutengetreu durch einen ziemlich gewöhnlichen Tag. Seit 1954 gehen dessen Fans denselben Weg: Dazu gehört, sich bei Davy Byrne's in der Duke Street ein Gorgonzolabrot und ein Glas Burgunder zu genehmigen. Und schon längst sind die Stationen, die Leopold Bloom an dem geschilderten Tag passiert, anhand von 14 Bronzetafeln markiert. Es fällt also nicht schwer, seinen Spuren zu folgen: Von der Eccles Street Nr. 7 über den Strand von Sandycove (dort sollte man natürlich auch ein Bad nehmen) und den Lincoln Place (hier kauft man sich wie Bloom ein Stück Zitronenseife) bis zum Custom House. Zwar auch an allen anderen Tagen, ganz besonders aber im Gefolge (äußerlich) historischer Gestalten ist diese Route durch die Stadt eine ganz spezielle Weise, Dublin kennenzulernen. Knapp 30 Kilometer Wegstrecke sind in »Ulysses« beschrieben – für 16 davon nutzte Leopold Bloom allerdings öffentliche Verkehrsmittel.

Auch die historischen Kostüme sind am Bloomsday allgegenwärtig in Dublin.

touch
Willkommen
bei Thalia!
Hörbücher
Hörbücher
Hörbücher

B wie … Bonn

Eine der architektonisch schönsten Buchhandlungen Deutschlands befindet sich im ehemaligen Metropol-Kino von Bonn.

B wie … Bordighera

85 000 Bände, 3000 Zeitschriften und 14 000 Schmetterlinge – das sind die beeindruckenden Zahlen der Bibliothek des britischen Sammlers Clarence Bicknell (1842–1918), die dieser in seinem Anwesen im ligurischen Bordighera zusammengetragen hat. Heute steht die Sammlungen Besuchern und Forschenden offen.

Bellum
WHEN THE ECONOMY BUBBLE EXPLOTES AGAIN LIKE IN 2006 THEY GONNA SAVE THE BANKS AGAIN LIKE IN 2008!!!
@EME.FREETHINKER

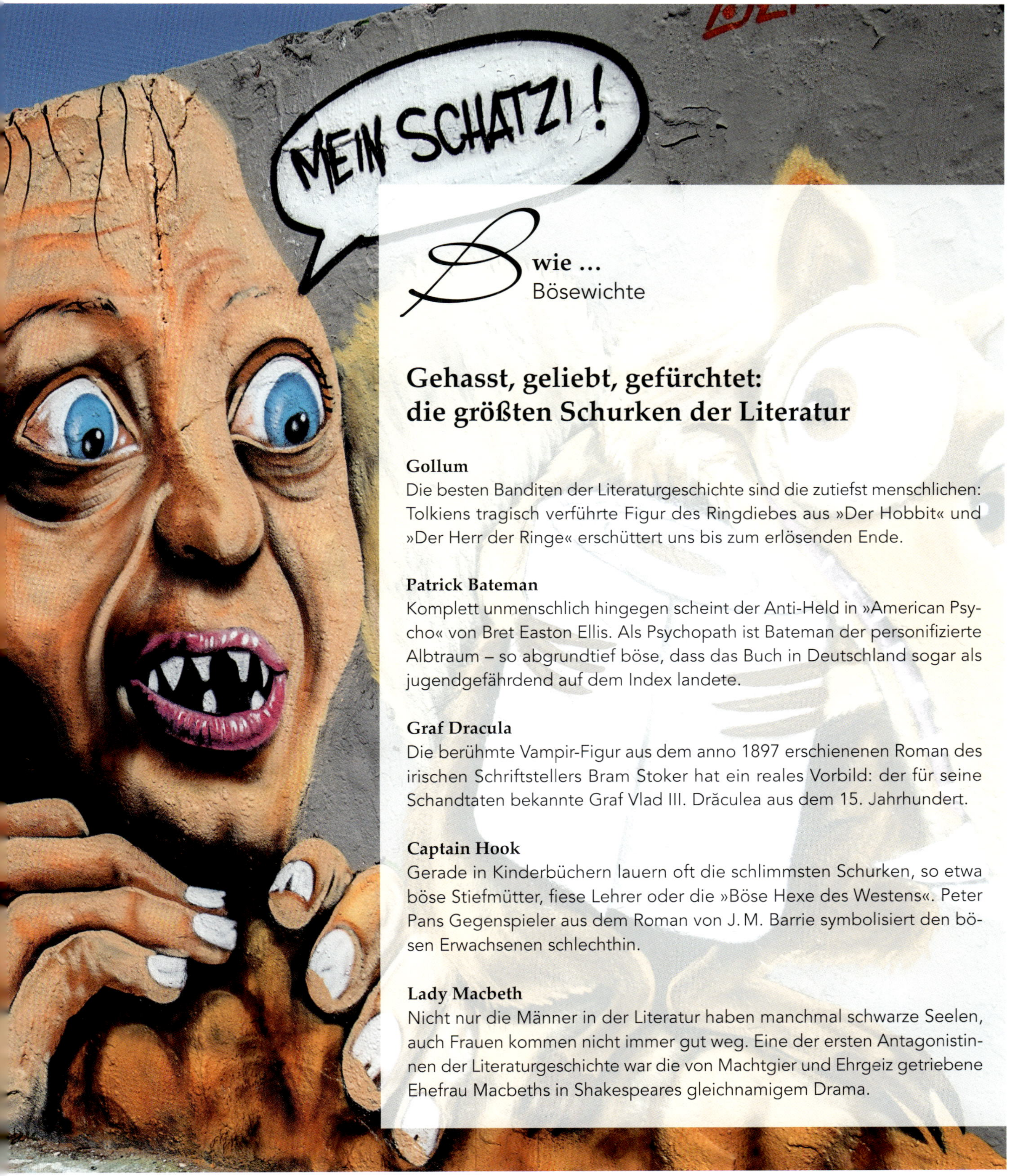

B wie …
Bösewichte

Gehasst, geliebt, gefürchtet: die größten Schurken der Literatur

Gollum
Die besten Banditen der Literaturgeschichte sind die zutiefst menschlichen: Tolkiens tragisch verführte Figur des Ringdiebes aus »Der Hobbit« und »Der Herr der Ringe« erschüttert uns bis zum erlösenden Ende.

Patrick Bateman
Komplett unmenschlich hingegen scheint der Anti-Held in »American Psycho« von Bret Easton Ellis. Als Psychopath ist Bateman der personifizierte Albtraum – so abgrundtief böse, dass das Buch in Deutschland sogar als jugendgefährdend auf dem Index landete.

Graf Dracula
Die berühmte Vampir-Figur aus dem anno 1897 erschienenen Roman des irischen Schriftstellers Bram Stoker hat ein reales Vorbild: der für seine Schandtaten bekannte Graf Vlad III. Drăculea aus dem 15. Jahrhundert.

Captain Hook
Gerade in Kinderbüchern lauern oft die schlimmsten Schurken, so etwa böse Stiefmütter, fiese Lehrer oder die »Böse Hexe des Westens«. Peter Pans Gegenspieler aus dem Roman von J. M. Barrie symbolisiert den bösen Erwachsenen schlechthin.

Lady Macbeth
Nicht nur die Männer in der Literatur haben manchmal schwarze Seelen, auch Frauen kommen nicht immer gut weg. Eine der ersten Antagonistinnen der Literaturgeschichte war die von Machtgier und Ehrgeiz getriebene Ehefrau Macbeths in Shakespeares gleichnamigem Drama.

B wie …
Bouquinistes

Pariser Kult-Buchhändler

Die legendären Händler verkaufen entlang beider Ufer der Seine antiquarische Bücher sowie Kunstdrucke, Briefmarken, Münzen und Souvenirs. Die Ware ist in grünen Holzkisten untergebracht, den etwa 900 sogenannten Bouquinisten-Kästen, die in dieser Form mehr oder weniger unverändert seit dem 16. Jahrhundert bestehen und zu den bekanntesten Sehenswürdigkeiten von Paris zählen. Sie reihen sich auf etwa drei Kilometer Länge im Umfeld von Louvre und Notre-Dame. Der Name dürfte sich von dem im Mittelalter gebräuchlichen niederländischen Wort »Boecklijn« (Büchlein) ableiten.

Stöbern unter freiem Himmel: Die grünen Bücherstände sind ein integraler Bestandteil des kulturellen Erbes von Paris und ziehen Besucher aus aller Welt an, die nach literarischen Schätzen und Erinnerungsstücken suchen. Die Bouquinistes tragen zur lebendigen Atmosphäre der Stadt bei und sind ein Symbol für die Liebe der Pariser zur Literatur.

33

Erhabene Punkte

Die Blindenschrift wurde 1825 von dem Franzosen Louis Braille erfunden. Mit den Fingern werden von hinten in dickes Papier eingeprägte, als Erhöhungen spürbare Punktmuster ertastet, die in unterschiedlichen Kombinationen Buchstaben, Zahlen, Satzzeichen und Musiknoten darstellen. Es werden Bücher und Zeitschriften in Braille herausgebracht, auch ist das System im öffentlichen Raum etwa auf Hinweisschildern, Informationstafeln, Lebensmittel- und Medikamentenverpackungen präsent. Früher wurde auf einer speziellen Schreibmaschine geschrieben. Heute gibt es elektronische Braille-Displays sowie Drucker für Braille-Dokumente. Für Blinde und Menschen mit starker Sehbehinderung ist Braille ein einzigartiges Werkzeug, um an Bildung und Kommunikation teilzuhaben und ein unabhängiges Leben zu führen.

Geübte Braille-Leser schaffen zwischen 100 und 150 Wörter pro Minute.

B wie …
British Library

Londons »The BL«

»Das Wissen der Welt« verspricht die British Library, und so stellt die Bronzefigur vor dem neuen Gebäude Isaac Newton dar, dessen Erkenntnisse die Wahrnehmung der Welt revolutionierten. 625 Kilometer Regalfläche mit jährlich zwölf Kilometern Zuwachs, Druck- und Schriftwerke aus allen Epochen, darunter zwei Originalexemplare der Magna Charta und zwei Gutenberg-Bibeln, sowie ein umfangreiches Tonarchiv mit drei Millionen Aufzeichnungen machen die britische Nationalbibliothek zu einer der größten und bedeutendsten Bibliotheken der Welt. Seit 1998 ist sie im jetzigen funktionalen Neubau zwischen King's Cross und Euston Station untergebracht. Die Bibliothek als solche ist nur mit einem Leserausweis zugänglich. Einige ihrer wertvollen Schätze werden jedoch in einer Galerie der Öffentlichkeit präsentiert, darunter Händels Entwurf des »Messias«, der Originaltext des Beatles-Songs »Yesterday« oder die berühmte erste Gesamtausgabe Shakespeares.

Rechte Seite: Der vierstöckige King's Library Tower im Foyer der British Library birgt die Sammlung von 65 000 Druckwerken König Georgs III. Oben: Das streng-kubische Hauptgebäude der British Library steht in St Pancras.

B wie ... Buchbinder

Altes Handwerk

Bei der handwerklichen Herstellung von Büchern wird in einem ersten Schritt das bedruckte Papier oder Pergament zugeschnitten. Anschließend werden die Seiten als Block mit Klebstoff oder Faden gebunden. Es folgt die Fertigung des Bucheinbands aus Leder, Stoff oder Pappe. Mit Prägungen, Vergoldungen oder Stickereien wird der Einband attraktiv gestaltet. Auch auf den Innenseiten fügt der Buchbinder oft noch Verzierungen hinzu. Mit der modernen Technologie und Digitalisierung haben sich die Anforderungen an den Beruf verändert. In hohen Auflagen gedruckte Bücher weisen meist einen standardisierten Look auf. Dennoch blieb das Traditionshandwerk lebendig, denn nach wie vor finden handgebundene, individuell dekorierte Bücher oder restaurierte alte Literaturschätze einen großen Abnehmerkreis.

Ledergebundene Bücher gelten nach wie vor als wertvoll, und ihre Herstellung ist eine echte Kunst, wie dieser Buchbinder in Venedig beweist.

B wie …
Bücherschränke

Mini-Büchereien

Auch als »Free Libraries« bekannt, sind Bücherschränke inzwischen überall auf der Welt im öffentlichen Raum zu finden, etwa auf Plätzen oder in Parks. Bücher können dort kostenlos entliehen werden, eine Mitgliedschaft ist nicht erforderlich. Wer ein Buch entnimmt, stellt dafür in der Regel ein bereits gelesenes hinein. Die Idee hinter dem Konzept ist es, den Zugang zu Büchern unabhängig von den zur Verfügung stehenden finanziellen Mitteln zu erleichtern. Auch soll das Gefühl der Gemeinschaft dadurch gestärkt werden. Bei den »Schränken« kann es sich um ausgediente Telefonzellen, wetterfeste Stahlschränke, Holzhütten oder einfach nur Regale handeln. Hinter ihrer Installation standen ursprünglich in den 1990er-Jahren Künstler, heute meist Bürgerinitiativen oder kirchliche Organisationen.

Ob am Strand von Dubai (oben), in einem Park im unterfränkischen Frammersbach (unten) oder auf dem Stuyvesant Square in New York City (rechte Seite): Große und kleine Bücherschränke sind aus dem Stadtbild nicht mehr wegzudenken.

LittleFreeLibrary.org
Take a Book · Return a Book
Charter # 35770
A Nonprofit Organization
JAMES PATTERSON
ALEX CROSS

B wie … Budapest

Die Stadtbibliothek in Budapest ist eine der berühmtesten des Landes. Die nach dem ungarischen Bibliothekar und Bibliophilen Ervin Szabó (1877–1918) benannte Bibliothek ist in einem prächtigen neobarocken Gebäude untergebracht, das im ausgehenden 19. Jahrhundert zunächst als Palais für das fränkische Adelsgeschlecht Wenckheim diente.

B wie …
Bukarest

Cărturești Carusel

Ein elegantes Gebäude aus dem 19. Jahrhundert mitten im Herzen von Bukarest, das ab 1903 der Bankiersfamilie Chrissoveloni gehörte, dann in kommunistischer Zeit enteignet und als Kaufhaus genutzt wurde, hat man nach dem Fall des Eisernen Vorhangs in diese traumhafte Buchhandlung verwandelt. Sie zählt ohne Frage zu den attraktivsten der Welt. Auf sechs Etagen, die durch Wendeltreppen verbunden und mit geschwungenen Metallgeländern vom lichtdurchfluteten Innenhof abgetrennt sind, verteilen sich Regale mit Büchern zu den verschiedensten Themen. Man kann in aller Ruhe in die ausgesuchten Bände hineinlesen. Außerdem werden Geschenkartikel sowie Wein und Bio-Lebensmittel verkauft. Zum Abschluss lohnt die Einkehr in der Cafeteria, wo sich ein exzellenter Ausblick über die Stadt bietet.

Eine immense Auswahl auf sechs Etagen steht in dem prächtigen Gebäude in der Bukarester Innenstadt den lesenden Besuchern zur Verfügung.

C

wie …

Cover, Cliffhanger, Charakter, Cinderella, Copyright, Comic, Colette, Chronik, Cyrano de Bergerac

Die 1976 verstorbene Agatha Christie gilt als eine der erfolgreichsten Krimiautorinnen aller Zeiten und hat bis heute eine große internationale Fangemeinde. Ihre Hauptfigur, Meisterdetektiv Hercule Poirot, taucht in zahlreichen ihrer in rund 50 Sprachen übersetzten Werke auf. Die gesamte weltweit verkaufte Auflage soll zwei Milliarden Bücher betragen. Zu den bekanntesten Titeln zählen »Mord im Orient-Express«, »Der Tod auf dem Nil« und als meistverkauftes Buch »Und dann gabs keines mehr«. Greenway House, der Landsitz von Agatha Christie in der Nähe von Brixham, wurde wieder in den Originalzustand zur Zeit seiner früheren Bewohnerin zurückversetzt und kann heute besichtigt werden.

C wie … Cesena

Biblioteca Malatestiana

Seit mehr als 600 Jahren bewahrt die Biblioteca Malatestiana Kultur, Wissen und Kenntnisse der Menschheit. Ursprünglich war die Bibliothek in Cesena Teil eines Franziskanerklosters und wurde 1452 in ihren wesentlichen Teilen vollendet. Dass sie 1807 zum ersten Mal ihre Tore für Besucher öffnete, macht sie zur ältesten bürgerlich-städtischen Bibliothek Europas – und weil Gebäude, Ausstattung und Mobiliar bestens erhalten sind, gehört sie als einziges Beispiel für eine humanistische Bibliothek seit dem Jahr 2008 zum Weltdokumentenerbe. Auf den originalen Schreib- und Lesepulten aus dem 15. Jahrhundert sehen Besucher eine beeindruckende Sammlung alter Inkunabeln und Handschriften. Hinter den Gittertüren der dunklen Holzregalen stehen Schriften von Aristoteles, Hippokrates oder Choralbücher. Für ein besonderes Exponat der Bibliothek braucht es gute Augen: Der Brief in Buchform von Galileo Galilei an Christine von Lothringen misst lediglich 15 mal neun Millimeter.

Die Gewölbe der Malatestiana spiegeln den Geist des Humanismus wider.

C wie …
Chongqing

Aufsehenerregend: Buchhandelskette Zhongshuge

Mit ihrem innovativen Konzept zeigt die 2013 in China gegründete Kette Zhongshuge, wie auch in Zeiten elektronischer Medien physische Buchhandlungen erfolgreich sein können. Dank ihrer magischen Gestaltung avancierten die einzelnen Filialen zu Besuchermagneten. Spiegel an Wänden und Decken sorgen durch die schier endlose optische Vervielfältigung der Bücher für ein unendliches Raumgefühl. So entsteht im Zusammenspiel mit verwinkelten Treppen, gewundenen Regalen und raffinierter Beleuchtung ein »Bücherreich«, wie die Übersetzung des Firmennamens lautet. Zahlreiche Neugierige strömen nicht nur wegen der Lektüre in die Läden, sondern auch um Fotos dieser Wunderwerke in den sozialen Medien zu teilen. Interaktive Bereiche und Virtuelle Realität verknüpfen das Leseerlebnis mit der digitalen Welt.

3350 Quadratmeter groß ist die Zhongshuge-Filiale im südchinesischen Chongqing. Eine durchgehend verspiegelte Decke lässt das Bücherreich nochmals um ein Vielfaches größer erscheinen. Die verwinkelten Gänge ähneln einem Labyrinth, und das schon in der Lobby am Eingang (oben).

WELCOME TO CITY LIGHTS A LITERARY MEETINGPLACE SINCE 1953
RED ROARS
A LIFE
ITALO SVEVO
ABSOLUTION
MORENGA
GEMINI
PEACE
TOLSTOY
INVASION 14
THE BIRDS
MOBY-DICK
THE TANNERS

C wie …
City Lights

San Franciscos Beatnik-Hotspot

Die 1953 gegründete Kultbuchhandlung in San Francisco spielte seinerzeit eine wichtige Rolle für die Beat Generation. Hier trafen sich Literaten wie Allen Ginsberg, Jack Kerouac oder William S. Burroughs, um ihre Werke vorzustellen. City Lights fungiert auch als Verlag und brachte seit den 1950ern Gedichtbände im Taschenbuchformat heraus, um Poesie einem breiteren Publikum schmackhaft zu machen. So wurde etwa Ginsbergs legendäres, zwischenzeitlich sogar verbotenes Gedicht »Howl« (»Das Geheul«) veröffentlicht. Bis heute ist der Buchladen um ein alternatives Sortiment bemüht, mit dem Schwerpunkt auf Indie-Verlagen und politischer Literatur. Das integrierte Café ist eine Stätte der Begegnung, es werden Lesungen und Diskussionen veranstaltet. Autoren, Künstler und Leser aus der ganzen Welt kommen hier zusammen.

Seit der Gründung in den 1950er-Jahren kaum verändert hat sich die Inneneinrichtung der Kult-Buchhandlung City Lights in San Franciscos Columbus Avenue.

C wie … Clementinum

Prags Schatzkästchen

Als die Jesuiten im Jahr 1556 auf Einladung von Ferdinand I. nach Prag kamen, ging es dem König darum, mit ihrer Hilfe ein Zentrum der Gegenreformation zu schaffen – und ein Bollwerk gegen die Geistes- wie Naturwissenschaften gleichermaßen fördernde Universität. Deshalb stellte man ihnen zwischen Kreuzherren- und Marienplatz ein leerstehendes Dominikanerkloster zur Verfügung, das in den Hussitenkriegen verwüstet worden war. An dessen Stelle errichtete der Orden eine katholische Hochschule, auf die auch der König seine Edelknaben schickte und deren Patres bald das Recht erteilt wurde, Doktortitel zu vergeben – so begab man sich in direkte Konkurrenz zur Universität. Mit Unterstützung weiterer prokatholischer Gönner baute man das Clementinum bis zum Jahr 1726 zum zweitgrößten Bau Prags (nach der Burg) aus – ein ganzes Stadtviertel musste dafür weichen. Mit dem Erlass Kaiserin Maria Theresias 1781 fand auch die Nationalbibliothek im Clementinum ein neues Zuhause.

Heute ist im Clementinum der Sitz der Tschechischen Nationalbibliothek. Im barocken Bibliothekssaal befinden sich auch wertvolle Globen.

BIBLIOTHEC
NATIONALIS

ESTANTE
10

C wie … Coimbra

Biblioteca Joanina

Als Begründer der Barockbibliothek im zentralportugiesischen Coimbra gilt König João V., initiiert wurde der Bau allerdings von seiner aus Österreich stammenden Gemahlin Anna Maria, die ihn nach dem Vorbild der Wiener Hofbibliothek gestalten ließ. 1717 bis 1723 dauerten die Arbeiten an diesem außergewöhnlichen Buchtempel, in dessen aus Tropenhölzern fein geschnitzten Regalen 300 000 Bücher und 3000 mittelalterliche Handschriften lagern. Die Konservation der kostbaren Werke besorgt zum Teil die Bibliothek selbst: Die 2,11 Meter dicken Wände lassen kaum Feuchtigkeit durchdringen, und die reiche Ausstattung und Verkleidung aus Holz ist in der Lage, einen Teil der feuchten Luft zu absorbieren. Für das Vertilgen von papier- oder holzfressenden Insekten ist eine Fledermauskolonie zuständig. Nach Schließung der Bibliothek werden Regale und Tische mit Tüchern verhängt, und die Tiere dürfen nachts darin jagen.

Die schon 1307 gegründete Universität von Coimbra auf dem Alcáçova-Hügel ist die älteste Portugals. Besonderes Schmuckstück ist die reich ausgestattete Bibliothek.

C wie … Corvey

Im Höxter Ortsteil Corvey liegt mit der ehemaligen Klosterkirche der älteste Sakralbau Deutschlands. Sein Westwerk (873–885) reicht bis in die karolingische Zeit zurück. Im Barock entstand als schlossähnlicher Vierflügelbau das neue Kloster mit dem Kaisersaal und den einzigartigen Beständen der Bibliothek. Im Kirchhof liegt die Grabstätte Hoffmann von Fallerslebens, des Autors des Deutschlandslieds.

D

wie …

Druckerei, Detektivgeschichte, Dracula, Durchschlag, Drama, Duden, Don Quijote, Doppelseite, Dialog

Wie ein Gemälde von M.C. Escher wirkt diese Buchhandlung der Kette Zhongshuge in Dujiangyan, einer Stadt im chinesischen Sichuan.

D wie … Daunt Books

Reisebuchparadies in Marylebone

Diese wohl schönste Buchhandlung Londons wurde im neobarocken edwardianischen Stil, der im ersten Jahrzehnt des 20. Jahrhunderts populär war, erbaut. Erstmals auf der Welt wurde ein Haus speziell für den Verkauf von Büchern konzipiert. Beeindruckend ist die gewaltige, von natürlichem Deckenlicht durchflutete Reisebuchgalerie. Oben säumt eine Galerie aus Eichenholz den zweistöckigen Raum. Am Eingang ist noch der große, begehbare Safe zu sehen, in dem früher besonders wertvolle Bände aufbewahrt wurden. Das wundervolle Ambiente lädt zum stundenlangen Stöbern der zum Teil nach Ländern sortierten Bücher ein. Außer einem umfangreichen Angebot an Reiseliteratur hält Daunt Books auch andere Sachbücher und Romane bereit. Inhaber ist heute der Unternehmer James Daunt, dessen kleine Buchladenkette acht weitere Filialen umfasst.

Dreistöckig ist Daunt Books in Marylebone und zeigt sich elegant mit Eichenbalkonen, petrolfarbenen Wänden, einer Glasgewölbedecke und Buntglasfenstern.

D wie … Debrecen

Das Reformierte Kollegium von Debrecen spielte eine wichtige Rolle in der ungarischen Geschichte, insbesondere während der Reformation und des Unabhängigkeitskampfes des Landes. Die Bibliothek wurde im Jahr 1538 gegründet und ist damit eine der ältesten Bibliotheken Ungarns. Sie wurde ursprünglich von ungarischen Reformisten ins Leben gerufen, die das Kollegium als Zentrum für die Ausbildung von Theologen und Geistlichen etablierten. Im Laufe der Jahrhunderte hat die Bibliothek ihre Sammlung kontinuierlich erweitert und umfasst heute mehr als 300 000 Bände. Neben alten theologischen und philosophischen Schriften umfasst die Sammlung auch eine Vielzahl von Büchern zu den Naturwissenschaften, den Künsten, der Geschichte und der Literatur.

D wie …
Deutsche Nationalbibliothek

Zwei Standorte

Jeder, der in Leipzig studiert oder geforscht hat, ist wohl schon einmal im Großen Lesesaal der Deutschen Nationalbibliothek gesessen. Dunkle Massivholzschreibtische stehen hier, jeder Tisch ist mit einer grünen Leseleuchte ausgestattet. Gemeinsam mit dem Standort in Frankfurt am Main ist die Deutsche Nationalbibliothek in Leipzig die zentrale Archivbibliothek und das nationalbibliografische Zentrum der Bundesrepublik Deutschland. Sie hat die für Deutschland einzigartige Aufgabe, lückenlos alle deutschen und deutschsprachigen Publikationen ab 1913, im Ausland erscheinende Germanica und Übersetzungen deutschsprachiger Werke sowie die zwischen 1933 und 1945 erschienenen Werke deutschsprachiger Emigranten zu sammeln, zu archivieren, bibliografisch zu verzeichnen sowie der Öffentlichkeit zur Verfügung zu stellen. Glücklicherweise überstand der Leipziger Originalbau, der 1916 im Neo-Frührenaissancestil fertiggestellt wurde, den Zweiten Weltkrieg nahezu unbeschadet. Im Laufe der Jahre wurde der Primärbau um weitere Gebäudeteile erweitert. Nennenswert ist vor allem der siloartige und fensterlose sogenannte Magazinturm.

Über 600 Quadratmeter groß ist der altehrwürdige Lesesaal der Geisteswissenschaften in Leipzig.

Deutsche Nationalbibliothek in Frankfurt am Main

Die Deutsche Nationalbiliothek entstand 1990 mit der Wiedervereinigung Deutschlands aus zwei Vorgängereinrichtungen: der Deutschen Bücherei Leipzig (gegründet 1912) und der Deutschen Bibliothek Frankfurt am Main (gegründet 1946), zu der seit 1970 das Deutsche Musikarchiv Berlin gehört. Jeder Verleger in der Bundesrepublik Deutschland ist verpflichtet, von seinen Veröffentlichungen zwei Pflichtexemplare kostenlos an die Deutsche Nationalbibliothek abzuliefern. Der Gesamtbestand der Deutschen Nationalbibliothek zählte Ende 2016 etwa 32,7 Millionen Medieneinheiten und verteilt sich nach wie vor auf Häuser in den ursprünglichen Standorten Frankfurt und Leipzig. Die Deutsche Nationalbibliothek ist nicht nur die größte Bibliothek der Bundesrepublik Deutschland, sondern auch im gesamten deutschen Sprachraum. Und sie zählt zu den größten Bibliotheken weltweit.

D wie … Dongba-Manuskripte

Bilderschrift der Naxi

Die vermutlich etwa ein Jahrtausend alte Dongba-Schrift der chinesischen Naxi ist die einzige Bilderschrift der Welt, die gegenwärtig noch benutzt wird. Lange mag es dieses Phänomen nicht mehr geben: Durch das allmähliche Verschwinden der Naxi-Kultur ist auch deren Schrift vom Aussterben bedroht. Die Naxi sind eine ethnische Minderheit von etwa 300 000 Menschen, die vorwiegend in den Provinzen Yunnan und Sichuan im Südwesten Chinas leben, einige auch in Tibet. Lijiang ist ihr kulturelles Zentrum. Noch bis ins 20. Jahrhundert hinein praktizierten sie eine schamanistische Religion. Die Schamanen der Naxi – Dongba genannt – entwickelten dabei eine Bilderschrift, die aus rund 2000 Zeichen besteht und ein wenig an ägyptische Hieroglyphen erinnert. In vielen Schriftzeichen sind auch für den Unwissenden Tiere oder Alltagsobjekte zu erkennen. Die Dongba-Schrift wurde speziell für religiöse Texte verwendet, die mit Bambusgriffeln auf dickes Papier geschrieben und mit Garn zu Büchern gebunden wurden.

Links eine Art Weissagungskarte, linke Seite unten eine theologische Schrift, beide aus dem 19. Jahrhundert). Ihre geistigen Urheber sind die Dongba genannten Schamanen (linke Seite oben).

D wie …
Dublin

Trinity College

Manches historische Gebäude in Dublin erinnert bis heute an die einstige englische und protestantische Dominanz über das keltische und katholische Irland: Als Elisabeth I. 1592 das Trinity College gründete, durften Katholiken dort kostenlos studieren, wenn sie zur anglikanischen Kirche konvertierten. Allerdings war ihnen erst ab 1873 erlaubt, einen akademischen Grad zu erwerben. Das Herzstück von Trinity ist die im Jahr 1732 von Thomas Burgh fertiggestellte Alte Bibliothek (»Old Library«). Sie ist aus der privaten Sammlung eines Kirchenfürsten hervorgegangen. James Usher, Erzbischof von Armagh, vermachte seine aus mehreren Tausend Büchern und Handschriften bestehende Bibliothek 1659 der irischen Universität. Heute umfasst sie mehr als vier Millionen Bände und hat den Status einer Nationalbibliothek. Deren Prachtstück ist das aufwendig illustrierte »Book of Kells« – eine um das Jahr 800 entstandene Sammlung von Evangelien, die als Meisterwerk irischer Buchkunst gilt. In Trinity lagern viele bibliophile Schätze. Allein der imposante »Long Room«, ein 65 Meter langer Saal, birgt rund 200 000 der ältesten Bücher der Bibliothek.

An Irlands »Alma mater« studierten Geistesgrößen wie der Theologe und Philosoph George Berkeley, der Dichter Oscar Wilde und der Nobelpreisträger Samuel Beckett.

Book of Kells

Die Schönheit des Book of Kells veranlasste den walisischen Geschichtsschreiber Giraldus Cambrensis (1146 bis 1223) zu der Bemerkung, es sei wohl »eher durch die Emsigkeit eines Engels als eines Menschen« zusammengefügt worden. Noch heute birgt das prächtig illustrierte »Book of Kells« das ein oder andere Geheimnis. Wer genau es schuf, ist unbekannt – es wird vermutet, dass drei Schreiber und zahlreiche Künstler beteiligt waren. Auch das genaue Herstellungsdatum wird wohl für immer ein Rätsel bleiben. Vermutlich aber wurde das Buch vor der schottischen Westküste um das Jahr 800 im Kloster Iona erstellt. Feine Muster zieren vor allem die farbenfrohen Initialen, die teils mit Arsen-Schwefel-Mineralfarben gestaltet wurden. In Irland kam das sogenannte »Leabhar Cheanannais« aber erst an, als es zur Zeit der Wikingereinfälle auf der Insel in Sicherheit gebracht wurde. Heute sind zwei Seiten des Werkes, das als das wertvollste Exponat der insularen Buchmalerei gilt und die vier Evangelien enthält, in einer Vitrine in der Bibliothek des Trinity College in Dublin ständig ausgestellt. Weitere Seiten kann man sich als Faksimiles im Museum der Bibliothek genauer ansehen.

LORNA DOONE
GENDER
GENDER

D wie … Durban

Ike's Bookshop im südafrikanischen Durban ist seit Jahrzehnten ein Eckpfeiler der Literaturszene der Stadt.

E

wie …

Essay, Erstausgabe, Ebenezer Scrooge, E-Book, Emma, Enzyklopädie, Einband, Edition, Erscheinungsdatum

El Péndulo ist eine bekannte Buchhandlung und ein Café in Mexiko-Stadt. Im gehobenen Viertel Condesa gelegen, ist El Péndulo nicht nur ein Ort, an dem man Bücher kaufen kann, sondern auch ein kulturelles Zentrum, das Buchliebhaber und Künstler gleichermaßen anzieht. Der einzigartige Charme der Buchhandlung liegt in ihrer schönen Architektur und ihrem Design. Im Inneren befinden sich hoch aufragende Bücherregale, die mit einer breiten Palette von Büchern gefüllt sind, darunter Literatur, Poesie, Kunst und vieles mehr.

E wie …
Eco, Umberto

Der Meister und seine Bibliothek

Der für vielschichtige Romane wie »Der Name der Rose« oder »Das Foucaultsche Pendel« weltberühmte italienische Bestsellerautor Umberto Eco (1932–2016) war auch leidenschaftlicher Büchersammler und besaß in seiner Wohnung in Mailand eine rund 35 000 Bände umfassende Bibliothek. Eco nutzte sie als Grundlage für seine Forschungen, versah viele Werke mit Anmerkungen und Unterstreichungen. Den größeren, modernen Teil des Bücherschatzes übergaben die Erben der Universität Bologna, wo er derzeit gesichtet, studiert und digitalisiert wird. Hingegen wurde Ecos Sammlung von über 1300 wertvollen alten Büchern, darunter manche aus der Frühzeit des Buchdrucks, in die Nationalbibliothek Braidense in Mailand überführt – im »Studiolo«, einer originalgetreuen Nachbildung seines privaten »Antikenzimmers« fand eine entsprechende Präsentation statt.

Umberto Eco in seinem Arbeitszimmer, 2014.

E wie …
Edinburgh

City of Literature

Wegen ihrer Schönheit wird die schottische Hauptstadt Edinburgh als »Athen des Nordens« gerühmt. Jenseits der Old Town mit ihren eng gedrängten Häusern und der Burg entstand ab 1767 die New Town im eleganten georgianischen Stil. Edinburgh ist auch das kulturelle Zentrum Schottlands. Hier begann die Karriere berühmter Autoren wie Walter Scott, Ian Rankin oder J. K. Rowling. Das Edinburgh International Book Festival ist das größte Buchfestival der Welt. 2004 wurde Edinburgh von der UNESCO als erste Stadt mit dem Titel »City of Literature« ausgezeichnet.

Armchair Books

Vollgestopft bis zur Decke mit Second-Hand-Büchern sind die Regale in diesem Traditionsladen. Mit einem sechsten Sinn ausgestattet, sucht das Personal in den engen Gängen das zum Kunden passende Buch aus dem scheinbaren Chaos heraus.

Eine Buchhandlung wie aus dem Bilderbuch: Im Armchair Books ziehen sich die Gänge schier endlos und stapeln sich die Bücher überall.

ZEALOT
THE LIFE AND TIMES OF JESUS OF NAZARETH
REZA ASLAN
ALAIN DE BOTTON
THE PLEASURES AND SORROWS OF WORK
20% STUDENT DISCOUNT
INTRODUCING Marxism
CAITLIN MORAN
How to Be a Woman
A BRIEF HISTORY OF TIME
FROM THE BIG BANG TO BLACK HOLES
STEPHEN W. HAWKING
INTRODUCING Klein
PHILOSOPHY
RICHARD DAWKINS
LOUIS ALTHUSSER
CHRISTOPHER HITCHENS
THE GOOD BOOK
THE CAMBRIDGE
ROMANTICISM
DOUGLAS COUPLAND

E wie …
Eine-Erde-Altar

Eine ganz besondere Bücherwand erwartet Besucher der Eine-Welt-Kirche im niedersächsischen Schneverdingen: Die über 5500 »Erdbücher« des Eine-Erde-Altars enthalten keine Seiten, sondern Erdproben aus allen Teilen der Welt, ein Kunstprojekt der Konzeptkünstlerin Marianne Greve.

El Ateneo
Ateneo

E wie …
El Ateneo

Weltschönste Buchhandlung

Zu einer Art Wahrzeichen der argentinischen Hauptstadt Buenos Aires avancierte die Buchhandlung El Ateneo. Seit dem Jahr 2000 logiert sie im ehemaligen Teatro Grand Splendid von 1919, dessen elegante Architektur und üppige Innendekoration weitgehend bewahrt blieben. Deckengemälde und geschnitzter Figurenschmuck erinnern an die Beendigung des Ersten Weltkriegs kurz vor Eröffnung des Theaters. Die noch mit dem karminroten Originalvorhang abtrennbare Hauptbühne dient heute als Café, in den Logen stehen Sessel zum Schmökern und an Stelle der früheren Sitze reihen sich Bücherregale. Dank der besonderen Atmosphäre zieht El Ateneo zahlreiche Neugierige an, bietet aber darüber hinaus anspruchsvollen Leseratten ein umfangreiches Sortiment an Büchern sowie verschiedene Veranstaltungen rund ums Buch.

In Umfragen belegt die Buchhandlung El Ateneo in Buenos Aires oft den vordersten Platz, wenn es um die schönsten Buchläden der Welt geht.

E wie …
El Escorial

Des Königs neue Bücherei

König Felipe II. war sehr belesen und hatte in seiner privaten Bibliothek 13 500 Bücher. Diese riesige Sammlung bekam mit dem El-Escorial-Palast einen wirklich würdigen Raum – die in der Südseite entstandene Bibliothek beeindruckt vor allem mit ihren Fresken an den gewölbten Decken. Gemalt hat die Szenen der italienische Künstler Pellegrino Tibaldi. In den Vitrinen der Bibliothek befinden sich wertvolle Handschriften wie etwa der Codex Aureus des deutschen Kaisers Konrad II. oder Handschriften der heiligen Theresa von Ávila.
Besonders nach 1619 wuchs die Bibliothek, denn König Felipe III. hatte angeordnet, dass von jeder neu erschienenen Publikation im Land ihm ein Exemplar zu schicken sei. Heute werden in den ehrwürdigen Gemächern 40 000 Bücher und alte Schriften präsentiert.

Edel glänzt der Marmorboden der königlichen Bibliothek, einem der größten Säle des Palastes. Zu den Höhepunkten der Sammlung gehört die hölzerne Armillarsphäre (oben). An den prächtigen Hauptsäulen prangen Bildnisse der spanischen Könige. Dominant präsentieren sich die prächtigen Deckenfresken von Tibaldi, welche die Allegorien der Rhetorik, Dialektik und Musik darstellen (rechts).

E wie …
Ephesos

Antike Celsus-Bibliothek

Ephesos zählte zu den größten urbanen Zentren des Altertums. Um 1900 legten Archäologen die Ruinen berühmter Bauten frei, darunter die der Celsus-Bibliothek (117–125 n. Chr.). Die 1978 rekonstruierte Fassade der Bibliothek veranschaulicht nachhaltig, wie prächtig der einstige Bau mitten im antiken Stadtzentrum gewesen sein muss. Sie steht noch immer an ursprünglicher Stelle in der griechischen Stadt Ephesos, beherbergte einst aber eine römische Bibliothek. Seit 133 v. Chr. gehörte Ephesos zum römischen Reich und diente unter Kaiser Augustus sogar als Hauptstadt der Provinz Asia. Als 117 n. Chr. mit dem Bau der Bibliothek begonnen wurde, gab es viele davon im Römischen Reich. Einflussreiche Personen stifteten sie als Denkmäler und nutzten sie nicht selten auch als ihr Mausoleum: Den kostbaren Sarkophag mit den Gebeinen des Stifters Julius Celsus fanden Archäologen unter der Apsis. In der Funktion als öffentliche Bibliothek ermöglichte der Bau den Einwohnern Zugang zu rund 12 000 Schriftrollen, die sie sich im rund 178 Quadratmeter großen Lesesaal zu Gemüte führen konnten.

In den 1970er-Jahren wurde die Fassade, die zahlreiche Inschriften schmücken, rekonstruiert.

ΚΟΡΟΣ
ΑΓΑΘΗ
Μ·ΑΥΡ ΗΦΑΙΣ
ΛΟΣ ΕΒ·ΛΕΙΤΟ
ΑΡΧΗΝ ΕΚΤΕΛ
ΔΥΝΑΜΙΝ ΑΙ
ΝΟΜΗΣΑΣ

1. Von *Ludwig Richter* in Dresden (für Otto Jahn).

12. Von *Ferdinand Khnopff* in Brüssel.

2. Von *Emil Doepler d. jüng.* in Berlin.

6. Von *Josef Sattler* in Berlin.

4. Von *Otto Hupp* in München.

3. Von *A. M. Hildebrandt* in Berlin.

E wie … Exlibris

»Mein Buch!«

Seit der Erfindung des Buchdrucks kennzeichneten Sammler ihren Besitz auf der Innenseite des Buchdeckels oder auf dem Titelblatt gern mit einem Exlibris. Eine solche dekorative Buchmarke verlieh ihrer Bibliothek eine persönliche Note. Zunächst waren es oft Stempel, schon bald aber setzten sich mit Techniken wie Holzschnitt oder Lithografie bedruckte Zettel oder Metallplättchen als edlere Variante durch. Bekannte Maler wie Albrecht Dürer oder Lucas Cranach der Ältere entwarfen damals die kleinen Grafiken. Zu erneuten Ehren kam das Exlibris in der Zeit des Jugendstils. Manche der Bücherzeichen nennen den Namen des Eigentümers oder enthalten eine besondere Inschrift. Die Bezeichnung ist dem Lateinischen entlehnt und bedeutet »aus den Büchern«. Bis heute ergänzen Exlibris manche Büchersammlung.

Besonders im Jugendstil erlebten die Exlibris eine Renaissance, und aus den Einlegekärtchen oder Stempeln wurden wahre Kunstwerke.

E wie … Exzentrisch!

Schriftsteller und ihre Spleens

Dorothy Parker
Nicht nur war sie für ihren Schreibmaschinenkonsum bekannt (sie wusste nicht, wie man das Farbband wechselte und kaufte so gleich sehr oft neue Modelle), sondern auch für ihre Haustiere: Parker besaß Krokodile.

Charles Dickens
Ebenfalls ungewöhnliche Tierfreunde hielt sich Charles Dickens: Neben einem Adler und Ponys hatte er sein Herz an den Raben Grip verloren, der seinen Freund Edgar Allan Poe zu seinem Gedicht »The Raven« inspirierte.

H. G. Wells
Der Sciene-Fiction-Literat soll immer mit zwei Stiften geschrieben haben: einem großen Stift für lange Worte und einem kleinen für die kurzen.

J. M. Barrie
Dem Autor von »Peter Pan« wird nachgesagt, dass er immer Rosenkohl zum Essen bestellte, diesen aber nie aß. Er sprach einfach so gern die Worte »Brussels sprouts«.

Giacomo Casanova
Der legendäre schriftstellernde Liebhaber soll sich den Nagel an einem seiner kleinen Finger wachsen und feilen lassen haben, damit er besser seine Ohren vom Schmalz befreien konnte. Was die Damenwelt davon hielt, ist nicht überliefert …

Lord Byron
Gleich einen ganzen Zoo besaß der Dichter Byron. Neben Hunden, Katzen, Pferden auch einen Adler, Kraniche, einen Dachs und einen zahmen Braunbären, den er sogar zum Studium aufs College in Cambridge mitbrachte.

Hunter S. Thompson
Er wollte es noch mal »krachen lassen«: Das Entfant terrible unter Amerikas Journalisten ließ sich nach seinem Tod einäschern. Die Asche wurde in eine Kanonenkugel gefüllt und bei einem großen Saufgelage unter Anwesenheit zahlreicher prominenter Weggefährten 2005 in die Luft geschossen.

G

wie …

Genre, Gedichtband, Gandalf, Glossar, Ghostwriter, Gatsby, Grammatik, Gänsekiel, Großdruck, Grass

In den überdachten Passagen der Pariser Galerie Vivienne darf natürlich auch eine Buchhandlung nicht fehlen: In einem Haus aus dem Jahr 1826 befindet sich die schöne Librairie Jousseaume.

Goethe-Haus in Frankfurt

Geburtszimmer, Musikzimmer, Dichterzimmer, das Zimmer der Schwester Cornelia, das Gemäldekabinett, das Puppentheaterzimmer und das kleine Reich von »Frau Rath«, der Mutter des großen Frankfurter Dichtersohnes: auf drei Etagen vermittelt das Goethe-Haus am Großen Hirschgraben vielerlei Eindrücke vom Leben der einst unter diesem Dach wohnenden Familie. Das Porzellan der Hausherrin erinnert an ihre Vorliebe für heiße Schokolade, die akkurat symmetrisch aufgereihten Werke von Frankfurter Malern des 18. Jahrhunderts an die künstlerische Sammelleidenschaft von Vater Johann Caspar Goethe. Vom berühmten Sohn sind u. a. Handzeichnungen erhalten. Sein Elternhaus brannte allerdings im Zweiten Weltkrieg völlig aus; im Zuge der Rekonstruktion wurde daneben das Goethe-Museum geschaffen, mit Gemälden nur aus der Goethe-Zeit.

Ein Dutzend Zimmer versammelt das Frankfurter Goethe-Haus am Großen Hirschgraben auf drei Etagen. Detailgetreu wurde das Interieur im Stil der Goethe-Zeit rekonstruiert. Das Gemäldekabinett seines Vaters im zweiten Stock beschreibt Goethe in seinem Werk »Dichtung und Wahrheit«.

G wie … Görlitz

Oberlausitzische Bibliothek der Wissenschaften

Am 21. April 1779 fanden sich in Görlitz 20 Vertreter des gebildeten Bürgertums und des aufgeklärten Adels zusammen, um eine wissenschaftliche Gesellschaft ins Leben zu rufen, die sich den Namen »Oberlausitzische Gesellschaft zur Beförderung der Geschichts- und Naturkunde« gab. Es war die Geburtsurkunde der Oberlausitzischen Bibliothek der Wissenschaften. Diesen Namen trägt sie allerdings erst seit dem Jahr 1950, als die Bestände der ehemaligen Oberlausitzischen Gesellschaft der Wissenschaften und die der Milichschen Bibliothek, die 1727 nach Görlitz kam, zusammengelegt wurden. Seit 1806 sind die Bestände in einer klassizistischen Kulissenbibliothek untergebracht. Dabei gliedern sogenannte Bücherbögen – dem Prinzip barocker Theaterarchitektur folgend – wie Kulissen den Bibliothekssaal. Als Arbeitsbibliothek fehlt prunkvoller Schmuck, allein Buchrücken zieren den Raum.

Bücherbögen sind die raumgestaltenden Elemente im historischen Bibliothekssaal, der zu Recht als einer der schönsten der Welt gelten darf.

我们的身体
我们的身体
B-R-26
请保持安静，共享书店美好
大部分书籍提供试读本，请勿拆封
三国演义
我们的太空
揭秘西游记
千奇百怪的恐龙
乐乐趣立体书

G wie … Guiyang

Die Architekten des Buchladens der Kette Zhongshuge in der Stadt Guiyang im Südwesten Chinas orientierten sich an den natürlichen Gegebenheiten der umgebenden Natur: Die Regale sollen die Karstlandschaften, Gebirgsketten und Tropfsteinhöhlen widerspiegeln.

G wie …
Gutenberg-Bibel

42-zeilige Revolution

Die 42-zeilige Gutenberg-Bibel ist das erste in Europa mit beweglichen Metalllettern gedruckte Buch. Von Mainz aus trat die Erfindung Johannes Gutenbergs ihren Siegeszug um die Welt an. Bücher und Schriften konnten nun in größerer Stückzahl publiziert werden und breitere Schichten der Bevölkerung an Wissen und Bildung Anteil haben.

Die 1282 Seiten umfassende lateinische Bibel gilt als eines der schönsten gedruckten Bücher der Welt. Man schätzt, dass 180 Exemplare gedruckt wurden, 140 auf Papier und 40 auf Pergament. Ein Notariatsinstrument Ulrich Helmaspergers (1455), damals Notar am erzbischöflichen Gericht in Mainz, ist die einzige überlieferte zeitgenössische Quelle über die Geschäftsbeziehung zwischen Gutenberg und seinem Geldgeber und Teilhaber Johannes Fust. Das Exemplar in Göttingen ist von besonderem Wert, weil es der einzige in Deutschland verbliebene, vollständig erhaltene Pergamentdruck ist und mit zwei weiteren Dokumenten die Entstehung der »Jahrtausend-Erfindung« Buchdruck dokumentiert. Als Vorlage für die Illustrationen diente sehr wahrscheinlich das Göttinger Musterbuch, eine Handschrift, aus der sich Buchmaler bedienten.

Rechts: Nur vier der auf Pergament gedruckten Bibeln sind noch vollständig erhalten, darunter das Göttinger Exemplar.

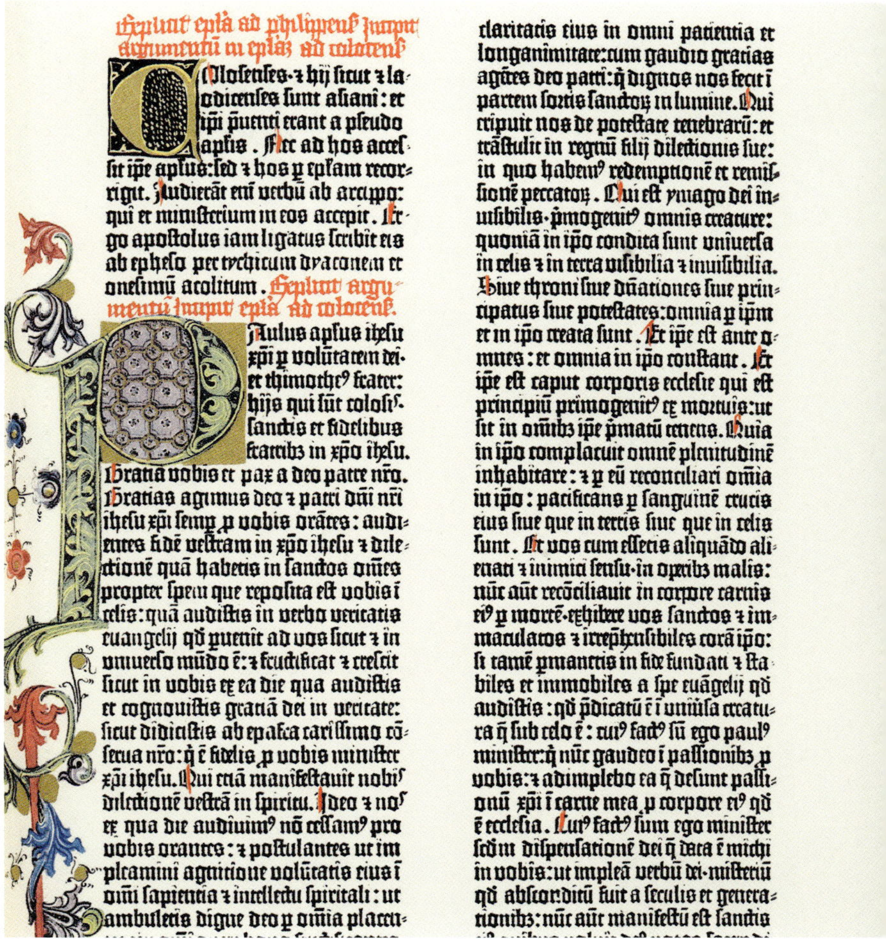

Johannes Gutenberg

Er sei der »Mann des Jahrtausends«, befand eine US-amerikanische Illustrierte im Jahr 2000: Johannes Gutenberg aus Mainz (um 1400–1468), Erfinder des Buchdrucks mit beweglichen Lettern, Verbreiter des gedruckten Wortes, der Mann, dessen Erfindung die Welt wohl nachhaltiger veränderte als jede andere. Zu Zeiten der Französischen Revolution war die Begeisterung für den Mann so groß, dass der Vorschlag diskutiert wurde, ihm zu Ehren den Buchdruck »guttembergisme« zu nennen. Über den Menschen, der als Johannes Gensfleisch zur Laden irgendwann um das Jahr 1400 herum als Sohn eines wohlhabenden Kaufmanns in Mainz geboren wurde und dort 1468 starb, weiß man allerdings sehr wenig. Auf jeden Fall besaß er eine solide handwerkliche Ausbildung und Erfahrung im Umgang mit Metall, arbeitete als Kopist und als Goldschmied und war in den 1430er-Jahren in Straßburg Mitbesitzer eines Handwerksbetriebes, der wohl auch mit Büchern zu tun hatte. Gutenberg hat streng genommen den Buchdruck nicht allein erfunden. Mit Holzplatten, in welche die Buchstaben einer ganzen Seite jeweils komplett eingeschnitzt waren, druckte man schon länger. Auch die Idee, einzelne Lettern zu gießen, hatte vor Gutenberg schon der Holländer Laurens Coster, davon abgesehen, dass es im chinesischen Raum ebenfalls Vorläufer dieser Technik gab. Erst Gutenberg aber verknüpfte dank zahlreicher Weiterentwicklungen alle Schritte – das Gießen der stabilen und somit wiederverwendbaren Lettern, das Zusammenfassen zu einer Druckform und das Drucken selbst – zu einer vollständigen Technologie. Schnell verbreitete sich die Drucktechnik in Europa und beschleunigte den Austausch von Ideen erheblich. All dies zeigt das Gutenberg-Museum in Mainz, eines der ältesten Druckmuseen der Welt.

h

wie …

Hardcover, Harry Potter, Hamlet, Haiku, Heathcliff, Hörbuch, Handlung, Huckleberry Finn, Herausgeber

Das 1797 gegründete Hatchards ist die älteste Buchhandlung in London. Sie befindet sich in der Piccadilly Street und diente als literarischer Zufluchtsort für viele prominente Persönlichkeiten, darunter bekannte Autoren und Mitglieder der britischen Königsfamilie. Auf fünf Etagen findet sich eine umfangreiche Büchersammlung, die von Bestsellern bis hin zu seltenen Ausgaben reicht. Die berühmte Fassade und das gemütliche Ambiente im Inneren machen Hatchards zu einem Muss für alle, die in die literarische Geschichte Londons eintauchen wollen.

H wie … Hauptmann, Gerhart

Haus Seedorn

Zwischen den Jahren 1929 und 1943 nutzte der Schriftsteller Gerhart Hauptmann das Haus Seedorn auf der Insel Hiddensee gemeinsam mit seiner Frau Margarete jeden Sommer. Die Materialien Holz, Ziegel und Backstein, Erker und Gauben, Butzenscheiben und weitere Zierelemente gehen eine charmante Verbindung im Stil der Ostsee-Bäderarchitektur ein. Hier konnte Hauptmann in Ruhe schreiben und schuf einige seiner wichtigsten Romane, Dramen und Gedichte, wobei er sich von der abgeschiedenen Inselumgebung und einzigartigen Natur inspirieren ließ. Oft waren andere Intellektuelle und Künstler bei ihm zu Gast. Das fast noch im Originalzustand befindliche Haus Seedorn dient jetzt als Museum und Gedenkstätte für den Dichter. Hauptmann, der 1946 in Schlesien starb, wurde auf dem Inselfriedhof beigesetzt.

»Hier, wo mein Haus steht, wehte einst niedriges Gras…« – so beginnt Hauptmanns Gedicht »Die Insel«, in dem er sehnsüchtig seine Zeit auf Hiddensee rekapituliert. Im heutigen Museum sind viele Räumlichkeiten originalgetreu eingerichtet, so auch das Arbeitszimmer.

Die Finnische Nationalbibliothek geht bereits auf das Jahr 1640 zurück, der Prachtbau in der Nähe von Helsinkis Senatsplatz entstand aber erst in den Jahren 1844–1906.

H wie … Helsinki

Bibliothekenvielfalt aus Alt und Neu

Helsinki ist ein inspirierender Ort für Literaturfreunde, der mit seiner reichen literarischen Geschichte, vielfältigen Buchkultur und beeindruckenden Bibliotheken lockt. Zu Letzeren gehört neben der Nationalbibliothek auch Oodi, die zentrale öffentliche Bibliothek der Stadt. Sie wurde im Dezember 2018 eröffnet. Die Architekten ALA Architects konnten sich in einem Ausschreibungswettbewerb durchsetzen und errregten mit ihrem einzigartigen und futuristischen Design internationale Aufmerksamkeit. Oodi wurde im Hinblick auf Nachhaltigkeit gebaut und verfügt über energieeffiziente Systeme, natürliche Beleuchtung und umweltfreundliche Materialien. Das oberste Stockwerk der Bibliothek bietet einen Panoramablick auf Helsinki und ist daher ein beliebter Ort für Einheimische und Touristen, um das Stadtbild zu genießen.

H wie …
Hemingway, Ernest

Einmal ganz der »Papa«

Jedes Jahr zieht der Hemingway Lookalike Contest in Florida Fans des amerikanischen Schriftstellers aus aller Welt in seinen Bann. Sinn und Zweck der Veranstaltung ist es, gemeinsam Spaß zu haben und zugleich die Erinnerung an Ernest Hemingway wach zu halten. Der Wettbewerb findet – natürlich – in Key West statt, wo Hemingway in den 1930er-Jahren lebte, die Romane »Die grünen Hügel Afrikas« und »Wem die Stunde schlägt« verfasste und sich die Freizeit mit Hochseefischen und Barbesuchen vertrieb. Regelmäßig nehmen weit über 100 Doppelgänger des Autors, die seinen Stil pflegen, teil. An drei Abenden wetteifern sie in Sloppy Joe's Bar, wo sich Hemingway oft mit Freunden und Kollegen traf, um die größtmögliche Ähnlichkeit mit ihrem Idol, sorgfältig beäugt von einer aus den Siegern früherer Jahre zusammengesetzten Jury.

Ernest Hemingway (1899–1961) wird oft als »Papa« bezeichnet. Dieser Beiname spiegelt sowohl seine charismatische Persönlichkeit als auch seinen Einfluss auf die Literatur des 20. Jahrhunderts wider.

PARKING
OADING
ZONE
AWAY ZONE
Papa
LOOK-ALIKE
Contest
Brad Hamilton

H wie …
Hesse, Hermann

Der Magier vom Bodensee

Der deutsch-schweizerische Schriftsteller, Philosoph und Freizeitmaler Hermann Hesse (1877–1962) beschäftigte sich in seinen Werken mit Selbsterkenntnis und Individuation. Er selbst beschrieb sich als Reisenden auf dem Weg zu spiritueller Erleuchtung. Zu seinen bekanntesten Büchern zählen »Der Steppenwolf«, »Siddharta« und »Das Glasperlenspiel«. 1946 wurde Hesse der Nobelpreis für Literatur zuerkannt.

Gaienhofen am Bodensee

Nur ein Haus hat Hesse in seinem Leben gebaut, eine repräsentative Landhausvilla im Reformstil, die heute als Mia-und-Hermann-Hesse-Haus in Gaienhofen zu besichtigen ist. Er bewohnte sie mit seiner ersten Frau Mia zwischen 1907 und 1912. Zuvor bewohnte das Ehepaar drei Jahre lang ein idyllisches Bauernhaus mitten im Dorf. Darin und im ehemaligen Schul- und Rathaus ist heute das Hesse Museum Gaienhofen mit einer Ausstellung zum Thema »Gaienhofener Umweg« untergebracht. So bezeichnete Hermann Hesse später seine Zeit am Bodensee, in der er eine Zuflucht für seine junge Ehe suchte und seinen ersten literarischen Erfolg mit »Peter Camenzind« feierte.

Museo Hermann Hesse Montagnola

Eine Dauerausstellung befasst sich mit den vier Jahrzehnten, in denen der Dichter im Tessin lebte. Sie zeigt persönliche Gegenstände, Bücher und Fotos, dazu Zeichnungen und Aquarelle, in denen er diese von ihm so geliebte Landschaft festhielt. Das Museum befindet sich in der Torre Camuzzi. Dieser mittelalterliche, später im neugotischen Stil ausgebaute Turm gehört zum Ensemble der palastartigen Casa Camuzzi, in der Hesse von 1919 bis 1931 eine Wohnung bezogen hatte. Anschließend bewohnte er bis zu seinem Tod die Casa Rossa.

Grab von Hermann Hesse

An Hesses langjährigem Wohnort, dem Dorf Montagnola im Tessin, wohin er sich nach der Trennung von seiner ersten Frau zurückgezogen hatte und die beschauliche Ruhe bald als »ihm vorbestimmte« Heimat empfand, befindet sich auch seine letzte Ruhestätte. Das schlichte Grab mit einem Granitstein liegt auf dem Friedhof bei der Kirche Sant'Abbondio, zu der eine eindrucksvolle Zypressenallee führt.

Rechte Seite: In der Torre Camuzzi ist ein Museum eingerichtet, das sich mit dem Leben und Wirken Hermann Hesses im Tessin auseinandersetzt. Bildleiste von oben: Hesses Wohnhaus in Gaienhofen; die Casa Camuzzi in Montagnola; Hesse Museum Gaienhofen, ein altes Fachwerkhaus, in dem Hesse auch einige Zeit lebte.

H **wie …**
Holmes, Sherlock

Auf den Spuren des Meisterdetektivs

Der britische Arzt und Autor Sir Arthur Conan Doyle (1859–1930) schuf die exzentrische Detektivfigur. Holmes ist für scharfe Beobachtungsgabe und unkonventionelle Ansätze bei der Lösung von Kriminalfällen bekannt. Aus scheinbar unbedeutenden Details zieht er seine Schlüsse. Sein Freund und Assistent Dr. Watson fungiert als Erzähler. In vier Romanen und 56 Kurzgeschichten, die zwischen 1887 und 1927 veröffentlicht wurden, sowie in zahlreichen Verfilmungen und Theaterstücken spielt Sherlock Holmes die Hauptrolle.

Sherlock Holmes Museum
In Arthur Conan Doyles Krimis wohnten Sherlock Holmes und Dr. Watson von 1881 bis 1904 im Haus 221b, Baker Street. Die Hausnummer war damals fiktiv, in der Straße gab es nur 100 nummerierte Grundstücke. Heute darf das Museum sie mit Ausnahmegenehmigung benutzen. Das Arbeitszimmer der beiden Detektive wurde detailgetreu gestaltet. In weiteren Räumen sind Szenen aus den Romanen nachgestellt und es gibt ein Diorama über den »Hund von Baskerville«.

St Bartholomew's Hospital Museum
Das Museum in einem der ältesten Krankenhäuser Londons beschäftigt sich nicht nur mit der Medizingeschichte, sondern erinnert mit einer Gedenktafel auch an das erste Treffen zwischen Sherlock Holmes und Dr. Watson. Wie in dem 1887 veröffentlichten Buch »Eine Studie in Scharlachrot« beschrieben, fand es im Chemielabor des Hospitals statt.

Hound Tor
Bei der bizarren Granitfelsgruppe in Devon, im Nationalpark Dartmoor, handelt es sich um versteinerte Jagdhunde, so will es die Legende wissen. Eine Hexe soll die Tiere mitsamt ihrem Meister in Stein verwandelt haben, als die Gruppe eine magische Zeremonie störte. Vielleicht hat sich Sir Arthur Conan Doyle davon zu »Der Hund von Baskerville«, seinem berühmtesten Sherlock-Holmes-Fall, inspirieren lassen. Darin geht der Detektiv Berichten über einen rotäugigen Höllenhund nach, der in der nebligen Moorlandschaft sein Unwesen treibt.

Reichenbachfall
Hier fand Sherlock Holmes 1893 in »Das letzte Problem« beinahe sein Ende. Während eines Kampfes gegen seinen Erzfeind Professor Moriarty stürzte er gemeinsam mit diesem den Wasserfall hinunter. Wie sich später herausstellte, starb nur Moriarty, Holmes überlebte. Eine Plakette erinnert an das fiktive Ereignis. Im nahe gelegenen Ort Meiringen ehrt eine Bronzefigur den Romancharakter. Das örtliche Sherlock Holmes Museum befindet sich seit 1991, von einem englischen Architektenpaar gestaltet, im Untergeschoss einer anglikanischen Kirche.

Musée Sherlock Holmes
Die Schweiz kann sogar mit einem zweiten, Sherlock Holmes gewidmeten Museum aufwarten. Sir Arthur Conan Doyles Sohn Adrien zog 1965 in die zwischen Lausanne und dem Neuenburgersee gelegene Stadt Lucens und richtete dort sein eigenes Museum ein. Heute befindet sich seine als besonders authentisch angesehene Sammlung in der Maison Rouge und wird von der Stadt verwaltet. Als Besonderheiten sind auch Möbel und andere persönliche Gegenstände aus dem Besitz des Autors sowie Erstausgaben und Archivmaterial zu sehen.

Rechts oben: »The Sherlock Holmes« nahe der Londoner Charing Cross Station ist ein holzgetäfelter Pub, liebevoll mit Blumen, allerlei Nippes und Erinnerungsstücken dekoriert. Darunter: Sherlock Holmes' Wohnzimmer im Museum in der Baker Street. Ganz rechts von oben: das fiktive Haus in der Baker Street 221b; Museum des St Bartholomew's Hospital; imposante Reichenbachfälle; das Hound Tor im Dartmoor National Park Doyle zu der Geschichte »Der Hund von Baskerville«.

BAR
The SHERLOCK HOLMES

SHERLOCK HOLMES
CONSULTING DETECTIVE
221b Baker Street

H wie … Hôtel de Béhague

Martine de Béhague (1870 bis 1939) war eine Tochter aus reichem Haus und eine Förderin der Künstler. Sie ließ sich im 7. Arrondissement von Paris ein prächtiges Palais errichten, in dem regelmäßig Maler und Literaten verkehrten. Natürlich durfte da auch eine reich bestückte Bibliothek nicht fehlen. Heute ist das Hôtel de Béhague Sitz des rumänischen Botschafters. Martines berühmtestes Vermächtnis hängt allerdings an anderem Ort und ist weltbekannt: Sie spendierte den Rahmen für da Vincis »Mona Lisa«.

H wie … Hotels

»Zimmer frei«: Bücher, die im Hotel spielen

In vielen Büchern spielt das Hotel als Schauplatz eine bedeutsame Rolle, sei es als Kulisse für dramatische Ereignisse, als Ort des Rückzugs oder als Zentrum der Handlung.

»Menschen im Hotel« von Vicki Baum
Leider steht das Berliner Hotel Excelsior nicht mehr, das in den goldenen 1920er-Jahren als Inspiration für den Hotel-Roman schlechthin diente.

»The Shining« von Stephen King
Ein nicht näher zu identifizierendes Hotel in Colorado dient als Kulisse für Kings Horrorklassiker. Die Timberline Lodge in Oregon aus der Verfilmung ist hingegen ein Anziehungsort für Fans.

»Das Hotel New Hampshire« von John Irving
Gleich mehrere fiktive Hotels in den USA – und eins in Wien – sind die Spielorte der Geschichte um die exzentrische Familie Berry.

»Ein Gentleman in Moskau« von Amor Towles
Im Moskauer Hotel Metropol muss der Protagonist seinen lebenslangen Hausarrest absitzen. Das reale Hotel aus dem Jahr 1905 spielt auch eine – titelgebende – Rolle in Eugen Ruges Roman »Metropol«.

H wie ...
Hugo, Victor

Eine Pariser Liebe

Viele große Schriftsteller fühlten sich in und von Paris inspiriert. Hier lebten und arbeiteten etwa Ernest Hemingway oder Simone de Beauvoir. Honoré de Balzac ließ seine Romane auf den Champs-Élysées, am Arc de Triomphe und im Louvre spielen, Charles Dickens erzählte vom einstigen Palais des Tuileries. Wer nach Paris reist, kann die Geistesgeschichte der Stadt spüren und die Werke ihrer Autoren nachempfinden. Victor Hugo wählte Notre-Dame und den Jardin du Luxembourg als Schauplätze.

Maison Victor Hugo
Welche Verehrung Victor Hugo (1802 bis 1885) noch heute in Frankreich entgegengebracht wird, sieht man daran, dass seine Wohnung an der Place des Vosges ein Museum ist. Dort bekommt man einen guten Eindruck vom Lebensstil des Dichters, der in der Rue de Clichy 21 auch einen literarischen Salon unterhielt.

Der chinesische Salon in der Maison Victor Hugo wurde von seinem Haus auf der Insel Guernsey, auf der Hugo 1856–1870 im Exil lebte, nach Paris übergesiedelt.

H

I

wie …

Impressum, Inhalt, Ionesco, Interpretaion, Ishiguro, Ichabod Crane, Illustration, Irving, Imprimatur

In einer Kirche von 1739 befindet sich Schottlands zweitgrößtes Antiquariat, Leaky's Bookshop in Inverness. Abenteuerlich für einen Raum voller Papier: Heimelig warm wird es hier ausgerechnet durch einen Kaminofen!

Law Library in Des Moines

Ein Ort von außergewöhnlicher Schönheit ist die State Law Library im Westflügel des Kapitolsgebäudes von Des Moines, der Hauptstadt des US-Bundesstaats Iowa. Ihr riesiger Innenraum von 1894 bietet eine Unmenge viktorianischer architektonischer Details vom Fliesenboden über Marmortäfelungen und gewaltige Pilaster bis hin zu den Buntglasscheiben an der Decke. Offene metallene Wendeltreppen winden sich reich verziert zu beiden Seiten über vier Stockwerke hinweg. Deren schmiedeeiserne Galerien blieben im Originalzustand erhalten. Dahinter an den Wänden füllen fast 100 000 Bücher die Regale, das älteste von 1539. Bis heute funktioniert die Law Library als juristische Bibliothek. Nichtsdestotrotz ist sie während der Öffnungszeiten an Werktagen zu besichtigen, ebenso wie weitere wichtige Räume des Kapitols.

Viktorianisch verspielt zeigt sich das Innere der State Law Library in Des Moines. An beiden Enden winden sich formschöne Wendeltreppen in die Höhe.

J wie …
Island

Jólabókaflóð

In Island ist es Brauch, an Heiligabend vor allem Bücher zu verschenken. Diese Tradition, Jólabókaflóð (»Weihnachtsbücherflut«) genannt, reicht in die Zeit nach der Unabhängigkeit des Landes 1944 zurück. Die neue Regierung förderte die heimische Buchproduktion und warb für das Lesen. Der Literaturnobelpreis für den Isländer Halldór Laxness tat ein Übriges. Zahlreiche neue Bücher werden seither speziell für die Jólabókaflóð gedruckt. Der Staat gibt einen Jahreskatalog aller Neuerscheinungen heraus und verteilt ihn gratis an alle Haushalte. Dadurch konnte eine außerordentlich hohe Lesequote in der Bevölkerung erzielt werden. Nicht nur nach der Bescherung, sondern allgemein in den dunklen Wintermonaten macht man es sich in Island abends mit Büchern gemütlich, gern mit einer Tasse heißer Schokolade.

Rechts: Bücherei, Café und Waschsalon – diese ungewöhnliche Mischung macht The Laundromat Café in der Reykjavíker Austurstræti zu einem gemütlichen Ort.
Rechte Seite: Die »Weihnachtsbücherflut« kann kommen, wenn man die Bestände in diesem Reykjavíker Antiquariat sieht. Als Gaben unter dem Weihnachtsbaum landen in Island eigentlich nur zwei Dinge: Schokolade und Bücher.

Ibn Sinas Handschriften

Ibn Sina (auch Avicenna genannt) wurde um 980 vermutlich in Afschana (heute Usbekistan) geboren und gilt als einer der großen Gelehrten der islamischen Welt. Er wurde in Philosophie, Religion und Medizin unterrichtet und lebte nach seinem Studium als Leibarzt an verschiedenen Fürstenhöfen. In Isfahan (Persien) lehrte er Medizin und Philosophie, 1037 starb er in Hamadan (Persien). Neben seinen medizinischen Werken, die zwischen dem 14. und 16. Jahrhundert die Unterrichtsgrundlage an europäischen Medizinschulen bildeten, sind vor allem seine philosophischen Schriften von Bedeutung. Im »Asch-Schifa« (Heilung der Seele vom Irrtum) zeigt sich seine Auseinandersetzung mit Aristoteles. Von den rund 450 Schriften Ibn Sinas sind heute noch etwa 240 erhalten. Sie befinden sich in der Süleymaniye-Handschriften-Bibliothek in Istanbul.

Der persische Gelehrte Ibn Sin zählt zu den bedeutendsten Ärzten seiner Zeit. Der von ihm verfasste »Kanon der Medizin« löste die westliche Klostermedizin ab und genoss bis ins 17. Jahrhundert als Hauptwerk der medizinischen Wissenschaft uneingeschränkte Autorität.

הספר
הרביעי בספר הקאנון
לאבן סינא בקרחות

K

wie …

Klassiker, Kinderbuch, Kipling, Korrektorat, Karamasow, Kritik, Klappentext, Katniss Everdeen, Kurzgeschichte

Im Süden Kairos liegt das Koptische Viertel mit seinen vielen engen Gassen. In diesem Teil der Altstadt, der sogar noch älter ist als der islamische Teil, finden sich viele kleine Buchhandlungen, die neue und gebrauchte Bücher anbieten – und das ganze Straßenzüge entlang.

K wie ... Kalligrafie

Chinesische Schreibkunst

Kaum eine andere künstlerischen Praxis repräsentiert die chinesische Kultur so unmittelbar wie die Kalligrafie. Sie hat sich parallel zur chinesischen Schrift entwickelt und ist dabei eine besondere Kunstform geworden, die im alten China den gleichen Rang wie Malerei, Musik und das Go-Spiel hatte. Kalligrafie gehörte zur Ausbildung der Hofbeamten, und selbst viele chinesische Kaiser betätigten sich als Kalligrafen. Auch heute ist die Kalligrafie in China Unterrichtsfach an Schulen.
Im Laufe einer rund 3000 Jahre dauernden Entwicklung haben sich in der chinesischen Schrift fünf unterschiedliche Stile herausgebildet, die auch die Kalligrafen von heute beherrschen sollten. Die Basis der Kalligrafie bilden »die acht Prinzipien des Yong«, die die Grundlinien definieren, aus denen sich die Zeichen der Regelschrift zusammensetzen. Werkzeug eines Kalligrafen sind »die vier Schätze der Gelehrtenkammer« – Pinsel, Tusche, Papier und ein Reibstein für das Anreiben der Tusche.

Als fester Bestandteil der eigenen Kultur wird die Kalligrafie nicht nur von älteren Generationen praktiziert.

IMPAIR

K wie ...
Kasinos

»Rien ne va plus«: Autoren im Spielrausch

Kasinos, Spielhallen, Pferderennen: Viele berühmte Schriftsteller verprassten ihre Tantiemen auf der Suche nach dem großen Jackpot – oder bezogen ihre Inspiration aus dem Glücksspiel.

Fjodor Dostojewski
Der berühmte russische Schriftsteller verspielte 1865 sein ganzes Geld in den Spielbanken in Wiesbaden (Bild) und Bad Homburg und verarbeitete seine Erlebnisse in » Roulettenburg« in seinem Roman »Der Spieler«.

Joseph Conrad
So sehr der Spielsucht verfallen und hoch verschuldet war der polnisch-britische Autor, dass er 1878 sogar versuchte, sich zu erschießen. Die Kugel verfehlte das Herz und Conrad gelang noch u. a. mit »Herz der Finsternis« ein lukrativer Bestseller.

Edgar Wallace
175 Bücher und Buchverkäufe in Millionenhöhe schützten den Krimi-Autor nicht vor einem Altern in Armut: Zu verführerisch waren die Wetteinsätze in Ascot, wo er eine eigene Zuschauerbox besaß.

K wie … Keilschriften

Hethitische Schriften

Das Hethiter-Reich war eines der mächtigsten Reiche Kleinasiens seiner Zeit. Hauptstadt war seit etwa 1565 v. Chr. Hattuša beim türkischen Dorf Boazkale im anatolischen Hochland. 1834 entdeckte ein französischer Reisender die Ruinen, die heute zum Weltkulturerbe gehören, ohne ihre Bedeutung zu erkennen. Erst 1906 gelang dem deutschen Archäologen Hugo Winckler der Nachweis, dass es sich um die Überreste der alten Hethiter-Hauptstadt handelte. Bei weiteren Expeditionen fand Winckler bis 1912 etwa 10 000 Tontafeln. Bis heute kamen rund 20 000 Platten hinzu. Die Tafeln, die heute im Archäologischen Museum in Istanbul und im Museum für anatolische Zivilisationen in Ankara lagern, geben Auskunft über soziale, politische, wirtschaftliche, militärische, religiöse und rechtliche Fragen während der Zeit des Hethiter-Reiches. Fast das gesamte Wissen über diese Epoche Kleinasiens stammt aus Boazkale. Das Archiv enthält auch den ersten dokumentierten Friedensvertrag der Geschichte, den Vertrag von Kadesch, der zwischen Ägypten und dem Hethiter-Reich geschlossen wurde.

Die hethitische Keilschrift wurde in Ton geritzt und dann gebrannt.

K wie … Kerman

Der historische Basar von Ganjali Khan ist Teil eines Komplexes in der iranischen Stadt Kerman. Er umfasst auch eine Moschee, ein Badehaus, eine Karawanserei und eine Schule. Die Gebäudeanlage, in der dieser Buchbinder und -händler sein Geschäft tätigt, wurde im Auftrag eines Gouverneurs aus der Safawiden-Dynastie vor etwa 400 Jahren erbaut.

K wie … Kolkata

Die College Street im indischen Kolkata bildet mit ihren zahlreichen Second-Hand-Buchläden den größten Gebrauchtbuchmarkt der Welt.

SAMABES
SCHOOL WALL
RING, MANAGEMENT, CBSE,
G.NOVEL AND OTHERS COMPETITIVE
EW BOOKS SELLERS & BUYERS.
Australia
CONCISE OXFORD

K wie … Kopenhagen

Det Kongelige Bibliotek

Die Dänische Königliche Bibliothek ist die bedeutendste ganz Skandinaviens. Durch ihren angebauten Kubus, den siebengeschossigen »Schwarzen Diamanten«, in dem auch ein Konzertsaal untergebracht ist, ist sie auch als Gebäude eine Attraktion. Etwa vier Millionen Bücher, Karten, Fotos und Zeitschriften gehören zum Inventar, darunter fast alle Werke, die in Dänemark seit dem 17. Jahrhundert herausgebracht wurden. Auch Raritäten aus Klosterbibliotheken sind zu finden. Der Bestand der Bibliothek ist für Forschung und Bildung bedeutend und daher digital erfasst. Wer sich gerade nicht in ein Buch vertiefen möchte, kann die Atmosphäre des hellen, offenen Gebäudes oder den Anblick der vorbeiziehenden Schiffe im stimmungsvollen Café genießen. Der 1920 geschaffene Garten der Königlichen Bibliothek (Bibliotekshaven) liegt mitten in der Stadt, versteckt zwischen dem Schloss Christiansborg und dem alten Gebäudeteil der Bibliothek. Er ist eine Oase mit alten Bäumen, Rasenflächen, kunstvoll geschnittenen Hecken und fantasievoll angelegten Blumenbeeten.

Rechts: Als »Schwarzer Diamant« wird das moderne Bibliotheksgebäude auch bezeichnet.

Bibliothek in Schloss Christiansborg

Auf drei Kilometer Regallänge ist hier die Handbibliothek der Königin ausgestellt, darunter Erstausgaben von Hans Christian Andersen. Dabei handelt es sich nur um ein Zehntel des Bestands, der Rest lagert in Amalienborg.

L

wie …

Leseratte, Lexikon, Lancelot, Lyrik, Lesezeichen, Lektorin, Lolita, Literaturkritik, Lesekreis, Lovecraft, Lektüre

Die Bibliothek des Priesterseminars von Ljubljana ist ein verstecktes Barockjuwel. Die zweigeschossige Bibliothek wurde 1701 auf Initiative von Mitgliedern der Academia Operosorum gegründet und war die erste öffentliche Bibliothek der Stadt.

L wie … Lagerlöf, Selma

Nils Holgerssons Zuhause: Mårbacka

Als erste Frau bekam die Schwedin Selma Lagerlöf 1909 den Literaturnobelpreis. Geboren und aufgewachsen war sie auf dem kleinen Gutshof Mårbacka im Värmland. 1890 musste das Anwesen verkauft werden. Lagerlöf erwarb es zwei Jahrzehnte später zurück und widmete sich bis zu ihrem Tod 1940 der Pflege des Hauses, dem sie durch eine großzügige Veranda das Aussehen einer Villa verlieh. Oft waren hier Autoren und Künstler zu Gast. Mårbacka und seine natürliche, ländliche Umgebung inspirierten Selma Lagerlöf, die in ihre Erzählungen gern skandinavische Traditionen einfließen ließ. So beschrieb sie die Atmosphäre ihrer Kindheit in ihrem ersten Roman »Gösta Berling« (1891). Heute ist Mårbacka ein Museum, das mit Gegenständen aus ihrem persönlichen Besitz, Büchern und Handschriften an die Schriftstellerin erinnert.

Lagerlöf verfügte testamentarisch, dass Mårbacka unverändert bleiben solle. So können heute Besucher durch die originalen Wohnräume flanieren.

ÉCOLE...

L wie … Le Somail

In einen alten Weinkeller in der Kleinstadt Le Somail am Canal du Midi hat die Buchhandlung Trouve Tout du Livre in den 1980er-Jahren Einzug gehalten. Seitdem versorgt sie Lesende nicht nur mit aktueller Literatur, sondern auch mit Büchern aus dem 17. Jahrhundert. Bis zu 50 000 Bücher finden in den großen Regalwänden Platz.

Auerbachs Keller
Leipzig
Großer Keller
SÄCHSISCH KÖSTLICH
„Wer nach Leipzig
zu gehn,
der schweige still,
denn das beweist:
er hat Leipzig
nicht gesehn."

L wie … Leipzig

Buchstadt

Die seit 1632 abgehaltene Leipziger Buchmesse ist eine der ältesten der Welt. Ende des 18. Jahrhunderts übertrumpfte sie ihre Konkurrentin in Frankfurt. Leipzig avancierte zur Nummer Eins unter den deutschen Buchstädten, wurde 1825 Sitz des Börsenvereins des Deutschen Buchhandels und 1912 der Deutschen Bücherei. Namhafte Verlage siedelten sich an, Schriftsteller wie Goethe, Schiller und Lessing fühlten sich der Stadt verbunden. Nach dem Zweiten Weltkrieg verlagerte sich das literarische Geschehen wiederum nach Frankfurt. Unter anderem mit dem größten europäischen Lesefestival »Leipzig liest« konnte nach der Wende ab 1991 die Tradition der Buchmesse in Leipzig wiederbelebt werden. Über Bücher und die Buchstadt Leipzig informieren das Deutsche Buch- und Schriftmuseum und das Museum für Druckkunst.

Linke Seite: In der Mädler-Passage liegt nicht nur der Eingang zu Auerbachs Keller, auch die Bronzefiguren erinnern an Goethes »Faust« und zeigen den Titelhelden sowie seinen Gegenspieler Mephisto. Links von oben: Buchhandlung im Hauptbahnhof; Impression von der Buchmesse; Connewitzer Verlagsbuchhandlung.

SUCRE DE BETTERAVE
FERMENTATION VINEUSE
RGANISATION
BECASSINE
Pendant la Grande Guerre
JUAN GRIS
CONTES de FÉES
OSTIA ANTICA
LES PEINTRES TÉMOINS DE LEUR TEMPS

L wie … Lille

Täglich außer montags findet in der Vieille Bourse von Lille ein Buchmarkt statt.

L wie … Linné, Carl von

Ordnung in der Natur

Der schwedische Naturwissenschaftler Carl von Linné (1707–1778) gilt als einer der wichtigsten Naturforscher: Umfassend klassifizierte er die bis dahin unsystematisch erfasste Flora und Fauna. Die Übersichtlichkeit seiner Ordnung war Linné ein Beweis für die Perfektion der Schöpfung Gottes.
Mit dem Werk »Systema naturae« (System der Natur) revolutionierte Carl von Linné 1735 die Biologie. Jede Tier- und Pflanzenart bekam in seiner Systematik einen zweiteiligen Namen: Der erste Teil beschreibt die Gattung, der zweite die Art. Auch den Menschen ordnete Linné als Homo sapiens in die Gattung der Herrentiere ein. Obwohl er viele Hinweise auf das Wirken der Evolution hatte, glaubte Linné an die Schöpfung.
Die Sammlung der Dänischen Nationalbibliothek für Naturwissenschaft in Kopenhagen umfasst etwa 2000 Bücher von und über Linné und seine Schüler. Zu den ältesten Exemplaren gehören zwei Originalausgaben der »Systema naturae« aus dem Jahr 1735.

Die kolorierten Lithografien zeigen das Linné'sche Kategorisierungssystem für Pflanzen nach Klassen und Ordnungen.

L wie …
Lissabon

Ler Devagar

Ler devagar – »langsam lesen«, lautet das Motto der gleichnamigen Buchhandlung in der LX Factory. Dieser ehemalige Industriestandort aus dem 19. Jahrhundert ist heute eine der coolsten und kreativsten Locations mitten in Lissabon. Eine altertümliche Druckmaschine füllt die Hochebene des originellen Bookstore, der in der Halle einer ehemaligen Druckerei logiert. Die mit Tausenden von Büchern (die meisten auf Portugiesisch, einige auch auf Englisch) angefüllten Regale reichen über zwei Etagen, die durch kühne Metalltreppen verbunden sind. Unter der Decke schwebt die viel fotografierte Skulptur eines fliegenden Radfahrers. Ein trendbewusstes Publikum schmökert und diskutiert in den beiden kleinen angeschlossenen Cafés und besucht die Events, etwa Konzerte und Ausstellungen.

Von Pietro Proserpio stammen viele der Kunstwerke im Ler Devagar, darunter auch der berühmte Radfahrer. Der Künstler ist oft in der Buchhandlung zugegen und erzählt gern Geschichten zu seinen kinetischen Skulpturen.

BEST
Zweig
Constant

L wie … Literarität

Wer liest, lebt 1000 Leben

Rund 80 Prozent der Weltbevölkerung können lesen und schreiben. Am geringsten ist der Anteil der LeserInnen in den Ländern Südsudan, Mali und Tschad, hier liegt die Alphabetisierungsrate bei teils unter 30 Prozent. In Europa und anderen Industrieländern werden oft Studien durchgeführt, um herauszufinden, welches Land das belesenste ist:

Die meisten Literaturnobelpreisträger pro Einwohner

Lange führte Island mit Halldór Laxness diese Statistik an, dank Derek Walcott steht seit 1992 der kleinere Inselstaat St. Lucia auf Nummer eins. Die meisten Literaturnobelpreisträger kommen übrigens aus Frankreich.

Die meisten Bibliotheken pro Einwohner

Die Slowakei ist ein Land für Bücherwürmer: Hier finden sich die besonders viele Büchereien, auf 100 000 Einwohner gibt es hier 138 Bibliotheken. In der Reihenfolge ebenfalls weit oben rangieren Finnland, Belarus, Lettland und Tschechien – und der Inselstaat Palau.

Die größten Büchersammler

Laut einer Studie einer australischen Universität besitzen die Esten die größten Bücherregale zu Hause, im Schnitt mit 218 Büchern bestückt, dicht gefolgt von Norwegern und Schweden mit 212 und 210 Büchern. Das deutsche Durchschnittsregal enthält 151 Bücher.

THE BUCK·A·BOOK ROOM
THROUGH THIS DOOR
LINE UP
LIAD SHOHAM

L wie … Los Angeles

The Last Bookstore in Los Angeles ist zwar nicht der letzte, aber der größte Buchladen ganz Kaliforniens. 2005 im Herzen von Downtown L.A. gegründet, wollte sich der über 2000 Quadratmeter große Laden namentlich bewusst abheben von den großen Ketten. Die Kunden danken es Gründer John Spencer: Neben neuer und gebrauchter Literatur gibt es auch eine große Abteilung für Vinyl-Fans.

M

wie …

Memoiren, Mängelexemplar, Moby Dick, Metapher, Märchen, Monografie, Miss Marple, Manuskript

Bei geführten Besichtigungen durch Englands älteste, seit 1653 ununterbrochen genutzte Bibliothek, die Chetham's Library in Manchester, sieht man Bücher, die dem Okkultisten und königlichen Astrologen John Dee (1527–1608) gehörten, nimmt im Alkoven des Lesesaals Platz, wo Marx und Engels im Sommer 1845 ihr Kommunistisches Manifest entwickelten, und erfährt, warum viele Besucher sich in dem Gebäude an eine Szene aus »Harry Potter« erinnert fühlen. Anschließend bleibt Zeit, um eigenständig durch die von dunklen Bücherschränken gesäumten Gänge zu schlendern und abgegriffene lederne Buchrücken mit goldenen Lettern zu bestaunen.

M wie … Madrid

Biblioteca Nacional de España

Über eine majestätische Freitreppe erreicht der Besucher die Spanische Nationalbibliothek in Madrid. Mit ihrem Bestand an mehr als 2,5 Millionen Büchern ist sie die wichtigste Bibliothek des Landes. Besonders umfassend ist die Cervantes-Sammlung mit allein 800 gedruckten Exemplaren des »Don Quijote«. Schon Felipe V. hatte 1712 eine königliche Bibliothek gegründet. Sie wurde 100 Jahre später in zwei Institutionen geteilt: die königliche Bibliothek und die spanische Nationalbibliothek.
Im Jahr 1866 fasste Königin Isabella II. Pläne, die auch umgesetzt wurden, diese umfangreiche Büchersammlung in eine öffentliche Bibliothek umzuwandeln. 1836 wurde das neue, vierflügelige Gebäude eingeweiht. Es sollte den Bürgern den Zugang zu Wissen erleichtern und den Bildungsstand im Land erhöhen. Der andere Teil der Büchersammlung befindet sich heute in der königlichen Bibliothek im Palacio Real.

Oben: Den imposanten Eingang zu dem neoklassizistischen Gebäude der Nationalbibliothek aus dem 19. Jahrhundert säumen Denkmäler von spanischen Gelehrten. Das Gebäude wurde im Jahr 1892, zur 400-Jahr-Feier der Entdeckung Amerikas, eröffnet.

Centro de Arte Reina Sofía

Der Prado gehört den Alten Meistern, moderne Kunst hat in Madrid seit 1986 ein eigenes Museum. Das Centro de Arte Reina Sofía schließt mit seiner Sammlung von Kunstwerken des 19. Jahrhunderts bis heute nahtlos an die gezeigten Werke im Prado an. Auf drei Stockwerken hängen Werke der wichtigsten Künstler der vergangenen beiden Jahrhunderte: Dalí, Miró, Picasso oder Juan Gris. Das Spektrum reicht vom Surrealismus über Kubismus bis hin zu Pop Art. Auch die angeschlossene, 1990 gegründete Bibliothek ist auf moderne Kunst insbesondere des 20. Jahrhunderts spezialisiert. Der frei zugängliche Lesesaal ist mit 100 Plätzen ein wunderbarer Ort zum Studieren der ausgeliehenen Bücher.

M wie … Mafra

Palácio Nacional

Die ehemalige Sommerresidenz der portugiesischen Königsfamilie liegt etwas außerhalb von Lissabon und ist ein wahrhaft monumentales Bauwerk: 220 Meter Fassade, 38 000 Quadratmeter Fläche, 1200 Räume und 150 Treppenhäuser. König João V. hatte 1711 gelobt, ein Kloster zu stiften, sollte seine Ehe mit einem männlichen Nachkommen gesegnet werden – am Ende war er stolzer Vater von sieben Kindern. Und weil Goldförderungen in der portugiesischen Kolonie Brasilien die königliche Schatztruhe füllten, plante der schwäbische Architekt Johann Friedrich Ludwig äußerst großzügig. Die Bibliothek im Rokokostil befindet sich im Westflügel des Konvents. Den im Obergeschoss gelegenen Saal durchschreiten Besucher auf 83 Meter Länge, auf edlem Marmorfußboden und vorbei an filigranen Bücherregalen mit elegant geschwungenen Balkonen. Damit den rund 35 000 historischen Büchern kein Insektenbefall etwas anhaben kann, kommt nachts ein ganz besonderer Wachtrupp zum Einsatz: bibliothekseigene Fledermäuse.

Seit 2019 gehört der gesamte Komplex des Palácio Nacional zum Weltkulturerbe der UNESCO.

M wie … Mailand

Nationalbibliothek Braidense

Unter Kaiserin Maria Theresia (1717 bis 1780) wurde in Österreich die allgemeine Schulpflicht eingeführt. Deshalb überrascht es auch nicht, dass sie es war, die sich im Jahr 1770 in Mailand dafür einsetzte, den Nachlass des Grafen Pertusati der Öffentlichkeit zugänglich zu machen. Sie legte damit den Grundstein für eine der größten Bibliotheken Italiens. Die Sammlung der Nationalbibliothek umfasst heute Handschriften, Inkunabeln, Autografen und Drucke des 19. Jahrhunderts, dazu literarische, juristische und theologische Werke sowie die großen Nachschlagewerke. Untergebracht ist sie im Palazzo di Brera und verfügt über vier Lesesäle, der prächtige Maria-Theresien-Saal bildet das Herzstück des Gebäudes.

Die seit 1786 im ehemaligen Jesuitenkolleg Palazzo di Brera untergebrachte Bibliothek mit ihren ehrwürdigen Lesesälen ist im Rahmen von Führungen zu besichtigen. Sie beherbergt einen Teil der Büchersammlung des 2016 in Mailand verstorbenen Schriftstellers Umberto Eco, nämlich seine rund 1200 »Antiken«.

John Rylands Library

Architekt Basil Champneys, der auch bei der Oxford University seine Hände im Spiel hatte, entwarf diese großartige, 1899 eröffnete Bibliothek im Stil der viktorianischen Gotik. Mit Galerien, Spitzbögen und Netzgewölbe ähnelt sie einer Kathedrale. Die Harry-Potter-Autorin J. K. Rowling ließ sich hier für die Große Halle in der Hogwarts-Schule für Zauberei und Hexerei inspirieren. Grundstock des fünf Jahrtausende abdeckenden Bibliotheksbestands sind rund 40 000 von dem bedeutenden Literaturmäzen George John Spencer (1758–1834) zusammengetragene Bücher und Schriften. Enriqueta Rylands erwarb seine Sammlung 1892. Im Lesesaal erinnern Marmorstatuen an die Gründerin und ihren Gemahl, dessen Namen die Bibliothek trägt. In zahlreichen Nischen können es sich Bücherwürmer bequem machen und die Zeit vergessen.

Die John Rylands Library ist Teil der Universität von Manchester und für ihre historische Bedeutung und architektonisch wertvolle Ausstattung bekannt.

An Inventory Of
Al-Mutanabbi Street

M wie ...
Mann, Thomas

Der Zauberer aus Lübeck

Einer der bekanntesten deutschen Schriftsteller des 20. Jahrhunderts war Thomas Mann (1975-1955). Seine Hauptwerke sind die Romane »Buddenbrooks« und »Der Zauberberg«. 1929 erhielt er den Nobelpreis für Literatur. Manns Bücher zeichnen sich durch ihre komplexe Struktur und tiefgründige Themen wie Menschlichkeit und Moral aus. 1933 ging Thomas Mann ins Exil in die Schweiz, dann in die USA, von wo aus er sich während des Zweiten Weltkriegs gegen den Nationalsozialismus einsetzte.

Buddenbrookhaus

Thomas Mann wuchs in großbürgerlichen Verhältnissen in Lübeck auf. In seinem Debütroman »Buddenbrooks«, der ihm später den Nobelpreis einbrachte, fing er den Niedergang einer hanseatischen Kaufmannsfamilie ein. Als Vorbild diente ihm das Buddenbrookhaus, in dem seine Großmutter bis 1890 lebte. Heute ist darin eine Forschungs- und Gedenkstätte für Thomas Mann und seinen ebenfalls schriftstellerisch tätigen Bruder Heinrich eingerichtet. Nach mehrjährigen Umbauarbeiten ist die Wiedereröffnung der Ausstellungen über den Jahrhundertroman und über die Schriftstellerfamilie Mann für 2025 geplant. Zwischenzeitlich ist ein Teil der Sammlung in das Museum Behnhaus Drägerhaus ausgelagert.

Grand Hotel des Bains

In dem imposanten Luxushotel am Lido di Venezia ließ sich Thomas Mann 1911 zu »Der Tod in Venedig« inspirieren. 1971 war es Drehort des gleichnamigen Films von Luchino Visconti, der bekanntesten Umsetzung von Manns Novelle. Auch das oscargekrönte Liebesdrama »Der englische Patient« wurde hier gedreht. Das Grand Hotel diente als Ersatz für das bei einem Großbrand zerstörte Shepheard Hotel in Kairo, in dem die Romanvorlage des kanadischen Autors Michael Ondaatje spielt.

Thomas-Mann-Haus

Im litauischen Nida (Nidden) auf der Kurischen Nehrung erwarb Thomas Mann 1929 ein Sommerhaus, in dem seine Familie drei aufeinanderfolgende Sommer verbrachte und er zugleich an seinem Roman »Joseph und seine Brüder« arbeitete. Heute dient es als Gedenkstätte und Literaturmuseum. Der Förderverein engagiert sich für die kulturelle Begegnung im gesamten Ostseeraum. Es geht dabei um Toleranz und den Gedanken der Verständigung über Grenzen hinweg. Kostenlose Führungen in deutscher Sprache lassen Thomas Manns Aufenthalte lebendig werden.

Rechts: Grand Hotel des Bains am Lido und Mann-Haus in Nidden. Rechte Seite: Buddenbrookhaus in Lübeck.

Anno Dominus providebit 1758

M wie … Marienstatt

Über 100 000 Bücher umfasst der Bestand der Klosterbibliothek der Abtei Marienstatt im rheinland-pfälzischen Streithausen.

M wie … Marpha

Im Nyingma-Kloster im kleinen nepalesischen Dorf Marpha werden die heiligen buddhistischen Texte in einem gesonderten Schrank im Allerheiligsten aufbewahrt.

M wie …
Mäusegroß

Street-Art von AnonyMouse

Den kleinsten Buchladen der Welt schuf AnonyMouse mit »Frankie & Benjys Böcker« in Malmö. Im angrenzenden Minitheater wird eine Parodie von Steinbecks Roman »Von Mäusen und Menschen« aufgeführt. 2016 begann die Gruppe schwedischer Kreativer, die streng anonym bleiben wollen, mit dem Bau detailgetreuer Miniatureinrichtungen für Mäuse. Inzwischen existieren weltweit über 25 Beispiele dieser humorvollen Street-Art, vom Friseursalon über Tierheim und Bistro bis hin zum Vergnügungpark. Verwendete Materialien sind unter anderem verschiedene Sorten von Wertstoffresten. Der Bezug zur Popkultur oder zur Literatur fordert Passanten heraus, die Bedeutung für sich zu erschließen. So sind etwa die weißen Mäuse Frankie und Benjy Hauptdarsteller im Science-Fiction-Roman »Per Anhalter durch die Galaxis« von Douglas Adams.

Nach dem Erfolg in Malmö tauchte plötzlich »Anatole's«, ein weiterer mäusegroßer Buchladen in Lynnfield, Massachusetts auf. Erneut war das Künstlerkollektiv AnonyMouse heimlich unterwegs gewesen und hatte über Nacht die kleine Buchhandlung errichtet – Bestseller »Stuart Little« inklusive.

OF MICE AND MEN
AESOPS FABLES
Mrs. Frisby and the Rats of NIMH
STUART LITTLE
THE MOUSE AND THE MOTORCYCLE

ANATOLE'S
USED BOOKS & ANTIQUE MAPS

M wie …
Mobile Büchereien

Rollende Bibliotheken

Im ländlichen Raum und in weniger zentral gelegenen Vierteln größerer Städte ergänzen mobile Büchereien die festen öffentlichen Bibliotheken. In größeren Gemeinden fahren Bücherbusse Woche für Woche zahlreiche Haltepunkte an, bringen Bücher und Zeitschriften direkt zu den Menschen und leisten so einen wichtigen Beitrag zur Förderung des Lesens. Zielgruppen sind insbesondere Ältere sowie Kinder und Jugendliche, denen der Zugang zur Lektüre auf diese Weise erleichtert wird. Bis zu 5000 verschiedene Medien kann ein Bücherbus an Bord haben. Was nicht vorhanden ist, wird auf Wunsch zum nächsten Haltetermin mitgebracht. Vielerorts haben sich die mobilen Büchereien zum Treffpunkt für Lesebegeisterte entwickelt, die in größeren Bussen sogar gemütliche Sitzecken zum Schmökern und Plaudern finden.

Einen tierischen Kunden hat dieser mobile Buchhändler in Japan. Oder ist es gar ein Assistent? In Kolumbien verrichtet schließlich auch der Biblioburro seinen Dienst: Ein Esel trägt die Bücher auf seinem Rücken zur lesenden Kundschaft.

B

M wie …
Morgan Library

New Yorks Schatzhaus

John Pierpont Morgan (1837–1913) war ein erfolgreicher Finanzier, der kurz in Göttingen studiert hatte und mit 20 Jahren nach New York gekommen war, wo er schon drei Jahre später, 1860, die Firma J. P. Morgan & Co. gründete. Darüber hinaus war Morgan auch einer der wichtigsten Sammler seltener Bücher und Originalmanuskripte seiner Zeit. Für seine Schätze ließ er sich in den Jahren 1903 bis 1906 von den Architekten McKim, Mead & White zwischen Park und Madison Avenue im Garten hinter seinem Wohnhaus einen Prachtbau errichten, der 1924 auch der Öffentlichkeit zugänglich gemacht wurde. Zu Beginn des 21. Jahrhunderts wurde der Bau an der Madison Avenue/Ecke 37th Street von dem Architekten Renzo Piano umfassend renoviert und um einen vierstöckigen Anbau erweitert. 2005 benannte man die Bibliothek in The Morgan Library & Museum um, seit 2006 ist der gesamte Komplex wieder öffentlich zugänglich.

Zu den bedeutenden Schätzen der Sammlung von John Pierpont Morgan gehören wertvolle Handschriften und Inkunabeln – sogenannte Wiegendrucke aus den Anfängen des Buchdrucks –, darunter auch drei Exemplare der Gutenberg-Bibel.

POESIA

M wie … Montevideo

Eine buchhändlerische Institution in Uruguays Hauptstadt Montevideo ist die Librería Más Puro Verso. Sie befindet sich im Untergeschoss eines gepflegten Herrenhauses aus dem 19. Jahrhundert. Im Souterrain werden Gebrauchtbücher verkauft, in den oberen Stockwerken neue Ausgaben.

N

wie …

Nemo, Novelle, Narrativ, Neruda, Neuerscheinung, Nachwort, Nietzsche, Nom de plume, Nationalbibliothek

Das Musée Nissim de Camondo, ein ehemaliges Pariser Stadtpalais im Stil des 18. Jahrhunderts, beherbergt eine bemerkenswerte Sammlung von Möbeln, Gemälden, Porzellan und anderen Kunstwerken. Nissim de Camondo war ein prominenter französischer Bankier und Kunstsammler. Das Museum ist nicht nur ein Schauplatz der Kunst, sondern erzählt auch die Geschichte einer Familie und ihrer Verbindung zur Pariser Gesellschaft.

N wie … Neresheim

Bibliothek der Benediktiner

Hell und freundlich ist der Lesesaal der Alten Bibliothek der Benediktinerabtei Neresheim. Großflächige Stuckverzierungen und opulente Deckengemälde zeugen von einem gewissen Wohlstand der Bauherren. Im Jahr 1095 wurde das Kloster auf dem Ulrichsberg gegründet und in 1150 auch eine Schreibstube eingerichtet. Der erste umfangreiche Katalog der dadurch entstandenen Bibliothek wurde aber erst 1550 verfasst. Um das Jahr 1700 zog der barocke Baustil auch in Neresheim ein, denn Abt Simpert Niggl ließ nicht nur das Kloster umgestalten, sondern auch einen Bibliothekssaal einbauen. Heute sind die Bücher, inzwischen mehr als 100 000 Bände und viele in weißes Schweinsleder gebunden, in drei Barocksälen sowie auf dem Flur des Dormitoriums zu bewundern. Sowohl deutsche als auch lateinische, griechische, französische oder hebräische Bibelausgaben sind vorhanden, etliche stammen aus dem 16. Jahrhundert. Die im Katalog in Sachgruppen unterteilten Bände enthalten aber auch 1335 kirchengeschichtliche und geografische Werke.

Auffällig ist die barocke Stuckierung des Hauptraums, die von Meistern der Wessobrunner Schule stammt.

N wie … Neustift

Das Südtiroler Augustiner-Chorherrenstift Neustift, 1142 vom Brixener Bischof Hartmann gegründet, war von Anfang an ein viel besuchtes Hospiz und eine Raststätte für Pilger auf der Reise ins Heilige Land oder nach Rom. Damit wurde das Kloster zu einem wichtigen Bezugspunkt im geistigen Leben Europas. Die Rokokobibliothek umfasst rund 90000 Bände, darunter eine der kleinsten Handschriften der Welt.

Gigantische Public Library

Etwa 55 Millionen Archivalien – darunter mehr als 18 Millionen Bücher – beherbergt die New York Public Library, die zu den bedeutendsten Bibliotheken der Welt gehört. Untergebracht ist sie in einem in den Jahren 1897 bis 1911 nach Entwürfen der Architekten Carrère & Hastings im Beaux-Arts-Stil errichteten weißen Marmortempel an der Fifth Avenue, dessen Eingang von zwei steinernen Löwen bewacht wird. Vor dessen Bau befand sich hier zunächst ein Armenfriedhof und dann ein städtisches Trinkwasserreservoir. Zu den besonderen Schätzen der Bibliothek zählen eine Gutenberg-Bibel, ein Brief von Christoph Kolumbus und ein handschriftlicher Entwurf der Unabhängigkeitserklärung von Thomas Jefferson. Ein von Sir Norman Foster geplanter Umbau des Haupthauses der Bibliothek wurde aufgrund des heftigen Widerstands der New Yorker 2014 aufgegeben.

Der riesige Hauptlesesaal der New York Public Library erstreckt sich über zwei Blocks und bietet Platz für 500 Menschen. Verblüffend schnell werden die in unterirdischen Magazinen lagernden Bestände den Benutzern zur Verfügung gestellt.

O

wie …

Opus, Originalausgabe, Orwell, Out-of-print, Othello, Ovid, Onlineleihe, Oliver Twist, Offsetdruck, Outro

Deichman Bjørvika heißt das moderne Gebäude der Osloer Stadtbibliothek, das 2020 eröffnet wurde. Der spektakuläre Bau reiht sich am Hafen ein zwischen den anderen beiden großen Neubauten der Stadt: Opernhaus und Munch-Museum. Spektakulär ist auch ein Projekt der Bibliothek: Die Future Library der Künstlerin Katie Paterson. Seit 2014 sammelt sie von berühmten Schriftstellern – darunter bisher Margaret Atwood, David Mitchell und Karl Ove Knausgård – jedes Jahr ein Manuskript ein, die erst im Jahr 2114 veröffentlicht werden. Parallel dazu pflanzt sie in einem Wald nördlich von Oslo Bäume, um ausreichend Papier für die Erstveröffentlichungen der Romane der Nachwelt zur Verfügung stellen zu können.

O wie …
Oasen

Rückzugsorte zum Schreiben

Während manche Autoren am liebsten im Trubel von Kaffeehäusern schrieben, schufen sich einige ihre ganz eigenen Schreiboasen.

Roald Dahl
Der Autor baute sich ein kleines Schreibhäuschen im Garten seines »Gipsy House« in Great Missenden (großes Bild).

George Bernard Shaw
Auch Shaw arbeitete in einem Gartenhäuschen, allerdings hatte dies eine besondere Funktion: »The Shed« war drehbar, sodass er immer dem Lauf der Sonne folgen und im besten Licht schreiben konnte (Bilder rechts).

Marcel Proust
Er brauchte Stille: Seine Wohnung ließ Proust mit geräuschunterdrückenden Korkwänden ausstatten. Doch dem war nicht genug: Der Autor erwarb zusätzlich die Nachbarwohnungen, um in absoluter Ruhe zu arbeiten.

Ó wie … Óbidos

Dorf der Bücher

Das »portugiesische Rothenburg ob der Tauber« im Landesinneren ist eigentlich schon fast ein Muss für Portugal-Urlauber. Die Kleinstadt steht als UNESCO City of Literature ganz im Zeichen des Buches. Festivals, Präsentationen, Wettbewerbe werden zum Thema veranstaltet, und nicht weniger als zehn Buchhandlungen eröffneten in den letzten Jahren. Seinen Beinamen verdankt das Bilderbuch-Bergdorf Óbidos seinen malerischen Gassen mit den blumengeschmückten weißen Häusern und der noch erhaltenen, bis zu 15 Meter hohen Stadtmauer, die den Ort umschließt und ihm sein besonderes mittelalterliches Antlitz verleiht.

Literary Man Hotel

Zehntausende Bücher, meist auf Portugiesisch oder Englisch, verteilen sich über Buchhandlung und Hausbibliothek bis hin zu den im Öko-Chic dekorierten Zimmern des einzigartigen Hotels. Mit ihrem riesigen, von Säulen getragenen Leseraum bietet die in einem ehemaligen Kloster logierende Unterkunft ein inspirierendes Ambiente.

Oben und rechte Seite: Auf Kochbücher und Independent-Literatur ist die Livaria do Mercado spezialisiert, die zugleich als Bio-Gemüsemarkt fungiert. Unten: Eine Kirche aus dem 12. Jahrhundert wurde zur Grande Livraria de Santiago.

VIVAS

O wie … Österreichische Nationalbibliothek

Wiens Wunderkammer

Mehr als zwei Millionen Druckschriften umfasst die in der Hofburg untergebrachte Österreichische Nationalbibliothek (ÖNB). Sie nimmt die ganze Westfront des Josefsplatzes ein, ihr Haupteingang jedoch liegt auf dem Heldenplatz. Ihr 78 Meter langer, über 20 Meter hoher und von einer mächtigen Kuppel bekrönter Prunksaal wurde im frühen 18. Jahrhundert von Vater und Sohn Fischer von Erlach erbaut und von Daniel Gran in hochbarockem Überschwang freskiert. Wer beim Lokalaugenschein staunend dieses grandiose Raumgefüge auf sich wirken lässt, der versteht, weshalb es unter Kennern als einer der schönsten Bibliotheksräume der Welt gerühmt wird. Die Bibliothek entging übrigens im November 1992 beim Brand des angrenzenden Redoutentrakts nur um Haaresbreite ihrer Zerstörung. Nur mehr eine Metallwand trennte die Flammen von den Bücherregalen.

Das älteste, bis heute in der Bibliothek vorhandene Buch, das »Evangeliar des Johannes von Troppau«, stammt aus dem Jahr 1368.

O wie … Ottawa

Library of Parliament

Regierungen sollten gut sichtbar etwas über ihren Bürgern sitzen – damit die einen stets die anderen im Blick haben. Entsprechend findet sich in Ottawa das Regierungsgebäude auf dem »Parliament Hill« oberhalb der Stadt. Offizielles Oberhaupt ist noch immer der britische König, und so wundert es nicht, dass das neugotische Hauptgebäude mit seinem schlanken Uhrturm deutlich an London erinnert. Außen wie innen, auch nach mehreren Feuern, sind neben beeindruckender Architektur Ornamente und verspielte Details zu entdecken. Das gilt besonders für die 16-eckige Parlamentsbibliothek auf der Rückseite des Centre Block. Tourführer liefern Hinweise: auf traditionelle Wappensymbole, auf Details zu Kriegen mit kanadischer Beteiligung oder die strengen Regelungen je nach Rang der Abgeordneten, etwa bei der Teppichfarbe, und im Ostflügel wartet ein Thron auf die Besuche von König Charles III.

In einem Rundbau ist die Parlamentsbibliothek von Ottawa untergebracht, in ihrem Inneren stehen viele Statuen berühmter Persönlichkeiten, darunter auch eine besonders große der Queen Victoria.

O wie …
Ottobeuren

Bibliotheca Ottenburana

Hell, luftig und leicht wirkt der Lesesaal der Alten Bibliothek in der Benediktinerabtei Ottobeuren. In dem Raum fliegen ob der hohen Decke und der opulenten Gestaltung die Gedanken, und die Zeit fliegt beim Schmökern in den alten Bänden nur so dahin. Wenn die Sonnenstrahlen den Raum erleuchten, entlockt er dem Besucher ein seliges Lächeln. Das Kloster wurde um das Jahr 764 gegründet, erhielt den Lesesaal in seiner heutigen Form aber erst im 18. Jahrhundert. Beim Neubau der Klosteranlage im barocken Stil wurde der weithin bekannte Johann Baptist Zimmermann mit den Stuckarbeiten beauftragt, die sehenswerten Deckenbilder schuf Elias Zobel. Lange Jahre war der Lesesaal nach der Säkularisation 1802 verschlossen und versiegelt. Sogar die Auflösung wurde diskutiert. Doch König Ludwig I. beschloss am 25. November 1842, dass die Klosterbibliothek erhalten bleiben und wieder der Öffentlichkeit zugänglich gemacht werden sollte. Neben mittelalterlichen, von Hand verfassten Schriften sind vor allem die 15 000 in Schweinsleder gebundenen Folianten die wertvollsten Bestandteile der Bibliothek.

Elias Zobels Deckengemälde zeigt die Zerstörung des Götzenbildes Apollos.

O wie … Oxford

Bodleian Library

Wollte man alle einflussreichen Persönlichkeiten aufzählen, deren Karriere an der Elite-Universität Oxford startete, müsste man reichlich Zeit einplanen. Schließlich ist die renommierte Oxford University eine der ältesten weltweit. In mehr als 100 Bibliotheken haben Studierende Zugang zu unterschiedlichem Fachwissen, die Hauptbibliothek auf dem Campus stellt aber die im Jahr 1602 eröffnete Bodleian-Bibliothek dar. Deren mächtiges Eingangstor zieren die Wappen der Oxford College. Im Inneren warten neun Millionen Medien auf 176 Regalmetern auf die Leserschaft: 2500 Menschen finden im riesigen Lesesaal einen Platz, um sich ihren Studien zu widmen. Sollten tatsächlich mal alle Plätze belegt sein, führt ein unterirdischer Tunnel auf die andere Straßenseite ins New Bodleian Building aus den 1930er-Jahren. Und während man hinüberspaziert, flitzen Bücher per Rohrpost an einem vorbei.

Der Stadtkern von Oxford wird von den 39 Colleges mit ihren ehrwürdigen Bibliotheken und Kapellen geprägt. Das All Souls College wurde schon 1438 gegründet. Der Rundbau Radcliffe Camera stammt aus dem 18. Jahrhundert und ist heute ein Lesesaal der Bodleian Library.

Old Library der Oxford Union

Ein erhabener Ort und Sinnbild für die Universität Oxford: Die frühere Hauptbibliothek war einst elitärer Debattierclub für Studenten und steht bis heute nur Mitgliedern der Oxford University als Lesesaal zur Verfügung. Mit seiner Malerei aus dem 19. Jahrhundert, den Wänden voller Bücherregalen und mit seinen ausladenden Ledersesseln bewahrt der Raum die Atmosphäre vergangener Zeiten. Die zehn von Präraffaeliten geschaffenen Wandgemälde zeigen Szenen aus der Artussage. Architektonisch fasziniert die Bibliothek mit ihrem achteckigen Grundriss. Kuppelartig laufen die verzierten Holzbalken zusammen, eine Galerie läuft rundum und durch die Rosettenfenster fällt Licht in den Raum. Beim Blick hinaus in den alten Baumbestand, in dem die Eichhörnchen herumspringen, schweifen die Gedanken fast von allein. Die reiche Auswahl an Reiseführern bietet dafür zusätzlich Inspiration.

P

wie …

Paginierung, Print-on-Demand, Pippi Langstrumpf, Poe, Papyrus, Punktuation, Peter Pan, Proust, Paperback

Der Pekinger Panjiayuan-Markt ist ausgerechnet auch als »schmutziger Markt« bekannt, da die Händler ihre Waren anfangs mit Karren ankarrten und auf dem schmutzigen Boden ausstellten, um sie an die Kunden zu verkaufen. Während diese Waren für einige nichts weiter als Gerümpel waren, handelte es sich für andere um wertvolle, sammelbare Antiquitäten. Heute mögen das auch Bücherraritäten in rauen Mengen sein.

HOMER.
SOCRATES.
PLATO.
SENECA.

P wie … Pannonhalma

Die alte Benediktinerabtei St. Martin im ungarischen Pannonhalma (Martinsberg), rund 30 Kilometer südöstlich von Györ (Raab) gelegen, ist eine Keimzelle der Christianisierung von Ungarn. Sie wird noch heute von Mönchen bewohnt. Ein besonders kostbares Kleinod ist der Prunksaal der klassizistischen Bibliothek aus den Jahren 1824 bis 1832. Der Bestand umfasst mehr als 300 000 Bände, rund 300 Inkunabeln und zwölf Kodizes.

P wie …
Paris

Bibliothèque Nationale de France: Site Richelieu

Das Sammeln von Manuskripten und Büchern hat in Frankreich eine lange Tradition – schon Charles V. (1338 bis 1380) besaß eine stattliche Bibliothek mit fast 1000 Werken. Auf das Jahr 1537 datiert die von François I. erlassene »Verordnung von Montpellier«, nach der von allem Gedruckten ein Exemplar aufbewahrt werden musste. Seitdem wurde die französische Pflichtexemplargesetzgebung als Basis des heute allein jährlich um etwa 130 000 Bücher anwachsenden Bestandes der französischen Nationalbibliothek ständig erweitert: um Radierungen und Stiche, Grafiken, Plakate, Noten und Fotografien, Tonträger und Filme. Insgesamt gibt man den Bestand heute mit rund 13 Millionen Büchern und Dokumenten an, von denen etwa ein Drittel seit 1996 in den modernen Glaspalästen am Quai Bercy untergebracht ist, der Rest in der »alten« Nationalbibliothek in der Rue de Richelieu.

Oben und rechts: Das von François Mansart 1645 begonnene, im 18. Jahrhundert von Robert de Cotte durch zwei Galerien erweiterte Gebäude der Nationalbibliothek ist ein Mekka für alle Liebhaber alter Bücher. Baldachinartig überspannen die Kuppeln den Lesesaal.

Bibliothèque Nationale de France: Site François Mitterrand

Im Dezember 1996, ein knappes Jahr nach dem Tod des namengebenden Initiators, wurde die neue »Bibliothèque Nationale de France: Site François Mitterrand« im Südosten der Stadt eröffnet. Vom Bestand der »alten« Nationalbibliothek in der Rue de Richelieu hatte man rund zehn Millionen Bücher in die neuen Gebäude umgezogen: vier 78 Meter hohe Türme mit Glasfassaden, die aufgeschlagene Bücher symbolisieren sollen und mit deren Entwurf ihr Architekt Dominique Perrault den im Jahr 1988 ausgeschriebenen Wettbewerb gewonnen hatte. Perraults gläserne »Büchertürme« begrenzen einen Innenhof, um den sich auf zwei Etagen wie Kreuzgänge die Lesesäle reihen. 3600 Nutzer haben darin Platz – 2000 Leseplätze im Parterre sind der wissenschaftlichen Forschung vorbehalten, 1600 weitere Plätze im ersten Stock der allgemeinen Nutzung durch das breite Publikum.

P wie … Paseo del Prado

Zwei Kilometer lang ist Madrids mondäner Prachtboulevard Paseo del Prado. Mit seinen großen Platanen gilt er als grüne Lunge der Stadt. An seinem unteren Ende liegt neben dem Retiro-Park die Cuesta de Claudio Moyano mit ihren Buchverkaufsständen.

P wie …
Peking

Chinesische National-bibliothek

Eine der größten Bibliotheken der Welt bietet Platz für mehr als 30 Millionen Schrift-, Bild- und Tondokumente. Das macht sie auch noch zur größten Bibliothek Asiens. Sie hat nicht nur den Auftrag, Publikationen in chinesischer Sprache zu sammeln, sondern hütet auch Abertausende von Schriftzeugnissen aus allen Epochen der Geschichte Chinas, darunter viele Manuskripte aus den Magao-Grotten. Ihre innovative Architektur verdankt die Nationalbibliothek einem Architekturbüro aus Frankfurt, das den 2008 fertiggestellten Neubau entworfen hat. Sockel, transparente Halle und »schwebendes« Dach des Gebäudes stehen nicht nur von außen betrachtet als Symbole für Vergangenheit, Gegenwart und Zukunft: Im unteren Gebäudeteil sind historische Schriften verwahrt, im schwebenden Dach die digitale Bibliothek. Der Teil dazwischen verbindet beide Welten.

Der Neubau der Nationalbibliothek befindet sich im Norden von Peking. Zu seiner Sammlung gehören Bücher in 115 Sprachen und auch beschriftete Orakelknochen auf Schildkrötenpanzern.

Buchmesse im Ditan-Park

Nördlich vom Yonghe-Tempel liegt der Ditan-Park in Peking, der an normalen Tagen noch im Morgengrauen von Joggern, Qi-Gong- und Tai-Chi-Ausübenden oder Tanzenden frequentiert wird. Einmal im Jahr allerdings fallen hier die Leseratten und Buchverkäufer ein: Jeden Herbst findet im Park eine große Buchmesse statt, mit Lesungen und Veranstaltungen, aber vor allem auch mit Buchverkaufsständen. Über 500 Verlage und Buchhandlungen nehmen daran teil, das Angebot reicht von Gebrauchtbüchern bis hin zu bis zu 200 000 Neuerscheinungen.

P wie … Pondicherry

Der Einfluss der französischen Kultur im südindischen Pondicherry ist auch auf dem Buchmarkt spürbar, da es viele Bücher in Französisch gibt, sowohl von französischen als auch von heimischen Autoren. Ebenso finden sich Werke in Tamil, Englisch und anderen Sprachen. Einige Buchläden in Pondicherry sind für ihre Sammlungen antiker Bücher und Raritäten bekannt.

BOOKHOUSE
Second-Hand Selling Purchasing
PUDHUCHERRY 1.

P wie …
Porto

Livraria Lello

Eine unvergessliche Sehenswürdigkeit – nicht nur für Bibliophile – ist die Livraria Lello e Irmão in der Rua das Carmelitas 144 im Zentrum Portos, eine der schönsten Buchhandlungen der Welt. Schon die aufwendig verzierte Fassade des Jugendstilgebäudes von 1906 ist eindrucksvoll. Im Inneren der »Kathedrale der Bücher« beeindrucken die Büsten berühmter Schriftsteller des Bildhauers Romão Júnior und die geschwungene Holztreppe, die zu den holzvertäfelten, offenen oberen Etagen führt. Neben einer Vielfalt portugiesischer und fremdsprachiger Literatur findet man hier ein breites Sortiment an Reiseführern und Postkarten. Im Obergeschoss unter der Buntglasdecke kann man in einer Cafeteria Portwein genießen. Im Jahr 1906 gegründet, ist die Livraria Lello nicht nur die schönste, sondern auch die älteste Buchhandlung Portos. Nicht nur Bücherfreunde kommen hier auf ihre Kosten, sondern auch Anhänger des Jugendstils: Die gesamte Inneneinrichtung hat sich dieser Kunstrichtung verschrieben.

Die Buchhandlung könnte als Vorlage für den Buchladen »Flourish & Blotts« in der Winkelgasse gedient haben, und vielleicht hatte J. K. Rowling die Idee für die geschwungenen Treppen von Hogwarts genau hier, schließlich verbrachte Rowling zwei Jahre in Porto.

ONE WAY
POWELL'S
USED & NEW
LINDY WEST
MON 3/13
STAFF PICKS
THIS BLOCK

P wie … Powell's Books

Eine Institution in Portland, Oregon: Powell's Books ist eine der größten und bekanntesten unabhängigen Buchhandlungen der Welt. Sie erstreckt sich über eine ganze Straßenecke und bietet eine beeindruckende Auswahl an neuen, gebrauchten und seltenen Büchern in verschiedensten Genres und Sprachen.

P wie ...
Prag

Man nennt sie auch die Säule des Wissens – die Installation »Idiom« aus 8000 Büchern des Künstlers Matěj Krén. Sie steht seit 20 Jahren in der Eingangshalle des Hauptgebäudes der Prager Stadtbibliothek. Wenn man sich hineinlehnt, erahnt man, was Unendlichkeit bedeutet.

POKLADY SVETA
ERICH SEGAL
JAHR DES HERRN 1980
KRONIKA
ANTON BALÁŽ
KRUTÉ MOŘE
16-Bit Modern Microcomputers
V.BIANKI / LESNÉ NOVINY
OLYMPIJSKÉ HRY
MODRÝ NÁMORNÍK
Didaktika informačnej sustavy podniku
STAROŽITNÉ ZRCADLO
MATÚŠ KUČERA
ŠTEPAN RAZIN

P wie …
Puebla

Biblioteca Palafoxiana

Die Biblioteca Palafoxiana in der mexikanischen Stadt Puebla dokumentiert mit ihrem Bestand von über 41 000 Büchern die europäische Geistestradition zwischen 1473 und 1821. Hervorgegangen aus der Bibliothek eines um 1555 gegründeten Priesterseminars, wurde die zunächst spärlich bestückte Bibliothek 1646 um die umfassende private Sammlung des Bischofs Palafox y Mendoza bereichert. Weitere Spenden im 18. Jahrhundert machten die Palafoxiana zu einer der größten Bibliotheken für Werke der europäischen Wissenschaften während der Zeit der kolonialen Eroberung Amerikas.
Außer einer Handschriftensammlung von 5345 Schriftstücken ist die Bibliothek im Besitz von neun Inkunabeln, darunter Herodots neun Geschichtsbücher aus der venezianischen Werkstatt von Nicolás Rubea von 1473 und die Nürnberger Chronik von Hartmann Schedel aus dem Jahr 1493.

Das Gebäude der Palafoxiana sowie ihre Innenausstattung stammen aus der Zeit ihrer Gründung und reflektieren, ebenso wie das Ordnungssystem der Bücher, die Auffassung von Kultur und Wissenschaft in der Zeit zwischen dem 16. und 18. Jahrhundert.

R

wie …

Rechtschreibung, Roman, Rilke, Rezension, Rushdie, Redaktion, Rumpelstilzchen, Ratgeber, Reproduktion

Das ehemalige Benediktinerkloster St. Emmeram in Regensburg wurde 739 über dem Grab des Missionsbischofs Emmeram gegründet. Es war im Mittelalter unter anderem für seine kostbaren Buchmalereien berühmt, wurde aber 1803 aufgelöst. Die Klosterräume wurden von der Familie Thurn und Taxis zum Schloss umgebaut und können besichtigt werden.

L'île aux mots
TOUT
À suivre...
Français 4

R wie … Rabat

Im 17. Jahrhundert erbaut, um andalusische Flüchtlinge aufzunehmen, kann man sich auch heute noch im Gassenlabyrinth der kleinen, aber durchaus geschäftigen Medina in der marokkanischen Hauptstadt Rabat verlieren. In der breiten, wunderbar überkuppelten Rue de Consuls am Ostrand logierten einst die ausländischen Gesandten; heute werden hier Teppiche, Kunsthandwerk und Bücher angeboten.

R **wie …**
Riga

Lettische Nationalbibliothek

Erhaben thront der Neubau der Lettischen Nationalbibliothek am Ufer der Düna. 2014, zum 95. Jahrestag ihrer Gründung, öffnete das imposante Bauwerk seine Tore für die Öffentlichkeit, die dort Zugriff auf über fünf Millionen Medien hat. Einige der gesammelten Handschriften stammen noch aus dem 14. Jahrhundert. Bis die Pläne für die spektakuläre Architektur aus Glas und Beton umgesetzt werden konnten, dauert es allerdings: Zu heftig war der Widerstand in der Bevölkerung gegen das teure Prestigeobjekt. Der Bau bewahrt nicht nur historisches Kulturgut des Baltikums, sondern erzählt auch selbst eine Geschichte: Seinen Schöpfer inspirierte ein bekanntes lettisches Gedicht, in dem eine Prinzessin auf dem Gipfel eines gläsernen Berges schläft. Die 13 Stockwerke hohe Bibliothek symbolisiert damit die Befreiung Lettlands von russischer Besatzung. Beim Umzug vom alten ins neue Gebäude halfen die Bewohner Rigas tatkräftig mit. Sie bildeten eine lange Menschenkette und trugen so einen Teil der Bücher ins neue Zuhause.

An einen gläsernen Berg soll die Nationalbibliothek in Riga erinnern.

R **wie …**
Rio de Janeiro

Real Gabinete Portugues da Leitura

Vier nationale Helden begrüßen die Besucher der größten Sammlung portugiesischer Literatur außerhalb Portugals: Pedro Álvares Cabral, Luís de Camões, Infante Dom Henrique und Vasco da Gama. Als Statuen blicken sie von der Fassade des 1887 fertiggestellten Gebäudes herab, das dem monumentalen Hieronymus-Kloster in Lissabon nachempfunden ist – ein weiteres Gebäude, dass die Kolonialisten an die ferne Heimat erinnerte, nachdem der portugiesische Hof, 1808 von Napoleon vertrieben, hier ankam. Eine Gruppe von rund 40 Einwanderern gründete 1837 die Bibliothek, zum Wissenstransfer und um die eigene Kultur zu bewahren. Bis heute hat das im neugotischen Stil erbaute Gebäude seine Pracht bewahrt. Die Bibliothek gehört zu den schönsten ihrer Art auf der Welt. Allein der Lesesaal mit seiner hohen Deckenkonstruktion, den kunstvoll verzierten Bücherregalen, dem spektakulären Kronleuchter und den bunten Glasfenstern, die für eine ganz besondere Leseatmosphäre sorgen, ist beeindruckend.

»Lesekabinett« ist ein bescheidener Name für diese Bibliothek, deren Lesesaal seinesgleichen sucht.

R wie …
Ritterlich

Autoren, die zum Ritter geschlagen wurden

In vielen historischen Romanen ist der Ritterschlag der erlösende Höhepunkt (Bild: Illustration von Gustave Doré zu »Don Quijote«), aber auch im realen Leben erlangten einige SchriftstellerInnen die Ritterwürde, darunter:

Kingsley Amis
J. M. Barrie
A. S. Byatt
Agatha Christie
Arthur Conan Doyle
Kazuo Ishiguro
Hilary Mantel
Iris Murdoch
Terry Pratchett
Salman Rushdie
Walter Scott
Hugh Walpole

S

wie …

Sammelwerk, Schusterjunge, Sauron, Schutzumschlag, Satzbau, Salinger, Seitenzahl, Synonym, Science Fiction

Bis zur Decke reichen die zwei Stockwerke hohen Bücherregale der Starfield Library in Seoul. Der futuristische Bau in Südkoreas Hauptstadt ist Teil einer Shoppingmall und für jeden frei zugänglich.

S wie …
St. Gallen

Stiftsbibliothek

Feinste Einlegearbeiten verleihen dem Parkett Profil, vergoldetes Schnitzwerk und prachtvolle Gemälde schmücken die Decke des schönsten Lesesaals der Schweiz: Die Gestaltung der zweistöckigen Stiftsbibliothek von St. Gallen schafft einen würdigen Rahmen für den wertvollen Bestand. Aufgereiht wie Medikamente in Apothekerschränken, haben diese Juwelen der Bibliothek zum Beinamen »Arzneistube des Geistes« verholfen. Aus dem Jahr 820 stammt der Klosterplan, nach dessen Vorgaben das Kloster angelegt wurde, noch älter ist der »Abrogans« aus dem 8. Jahrhundert, wohl das älteste deutsche Buch. Neben irischen Handschriften und den um 900 verfertigen Elfenbeintafeln in den Deckelplatten des »Evangelium longum« besitzt die Rokokobibliothek den Psalter des Notker Labeo aus dem 10. Jahrhundert. Die kunstvoll verzierten Bücher stehen seit der Aufhebung des Klosters 1805 in den intarsienverzierten Schränken unter dem Gewölbe des Manuskriptsaals. Seit dem frühen Mittelalter wurde der Bestand der Stiftsbibliothek ständig erweitert, die Auflösung der Fürstabtei 1805 hat sie ohne Schaden überstanden – im Gegensatz zu vielen Klosterbibliotheken, von denen nur noch die Säle existieren. So zählt die Bibliothek außer den über 130 000 Bänden auch etwa 2000 Handschriften, von denen 400 aus der Zeit vor 1000 stammen.

Die Stiftsbibliothek wurde 1983 in das Weltkulturerbe aufgenommen.

S wie … Santander

Biblioteca de Menéndez Pelayo

Die Biblioteca de Menéndez Pelayo mit ihrem großen holzgetäfelten Lesesaal wurde 1915 eingerichtet. Eine imponierende Buntglasdecke mit dem Habsburger Doppeladler, dem Wappen von Karl V., wirft Licht in den Raum. Der Literaturwissenschaftler und Historiker Marcelino Menéndez Pelayo (1856 bis 1912), einer der großen Denker der nordspanischen Region Kantabrien, hatte seiner Heimatstadt Santander testamentarisch seine über 40 000 Bände umfassende Büchersammlung vermacht, die nun würdig untergebracht werden sollte. Bei der Besichtigung informiert ein Video ausführlich über den Werdegang des Stifters. Gleich hinter der Bibliothek steht das ehemalige Wohnhaus seiner Familie, heute ein Museum. Eine sitzende Statue zeigt den Dichter vor der historisierenden Fassade der ihm gewidmeten Bibliothek.

Menéndez Pelayo verfügte in seinem Testament, dass seine persönliche Sammlung nach seinem Tod nicht ergänzt werden durfte. So zeigt der Bestand ein Abbild seiner Sammlung aus dem Jahr 1912.

S wie … Santiago de Compostela

In Santiago de Compostela entstand unter Federführung von Peter Eisenman die Biblioteca de Galicia mit dem gigantischen Quarzitfelsen als Schmuckelement.

S wie … Schlägl

Bibliothek in Stift Schlägl

Seine herbe Ursprünglichkeit lässt es noch erahnen: Das nördliche Mühlviertel war bis ins 13. Jahrhundert ein von undurchdringlichem Wald bedecktes Grenzland. Schon kurz nach 1200 hatten Zisterziensermönche hier, um die Rodung voranzutreiben und die Seelsorge der Siedler zu übernehmen, ein Kloster begründet, waren aber an den klimatischen Verhältnissen gescheitert. Eine Generation später starteten Prämonstratenser am linken Ufer der Großen Mühl erneut einen Versuch. Und hatten Erfolg: Stift Schlägl wurde, stark von der Mautfreiheit für Wein, Salz und Getreide profitierend, zum kulturellen Kristallisationspunkt der Region. Seine heutige Gestalt mit der schönen Stiftskirche und der gern für Konzerte genutzten Bibliothek erhielt es nach einem Großbrand im Zuge der Bauernaufstände 1626 durch den Wiederaufbau im Barock.

Imposant ist der Bibliothekssaal von Stift Schlägl, mit dessen Bau um 1830 begonnen wurde; die Inneneinrichtung kam 1852 hinzu. Das Deckengemälde mit Darstellungen von Heiligen schuf Alexander Weiß. Der Bestand der Büchersammlung umfasst rund 60 000 Bände, zudem 390 Inkunabeln und 263 kostbare Handschriften.

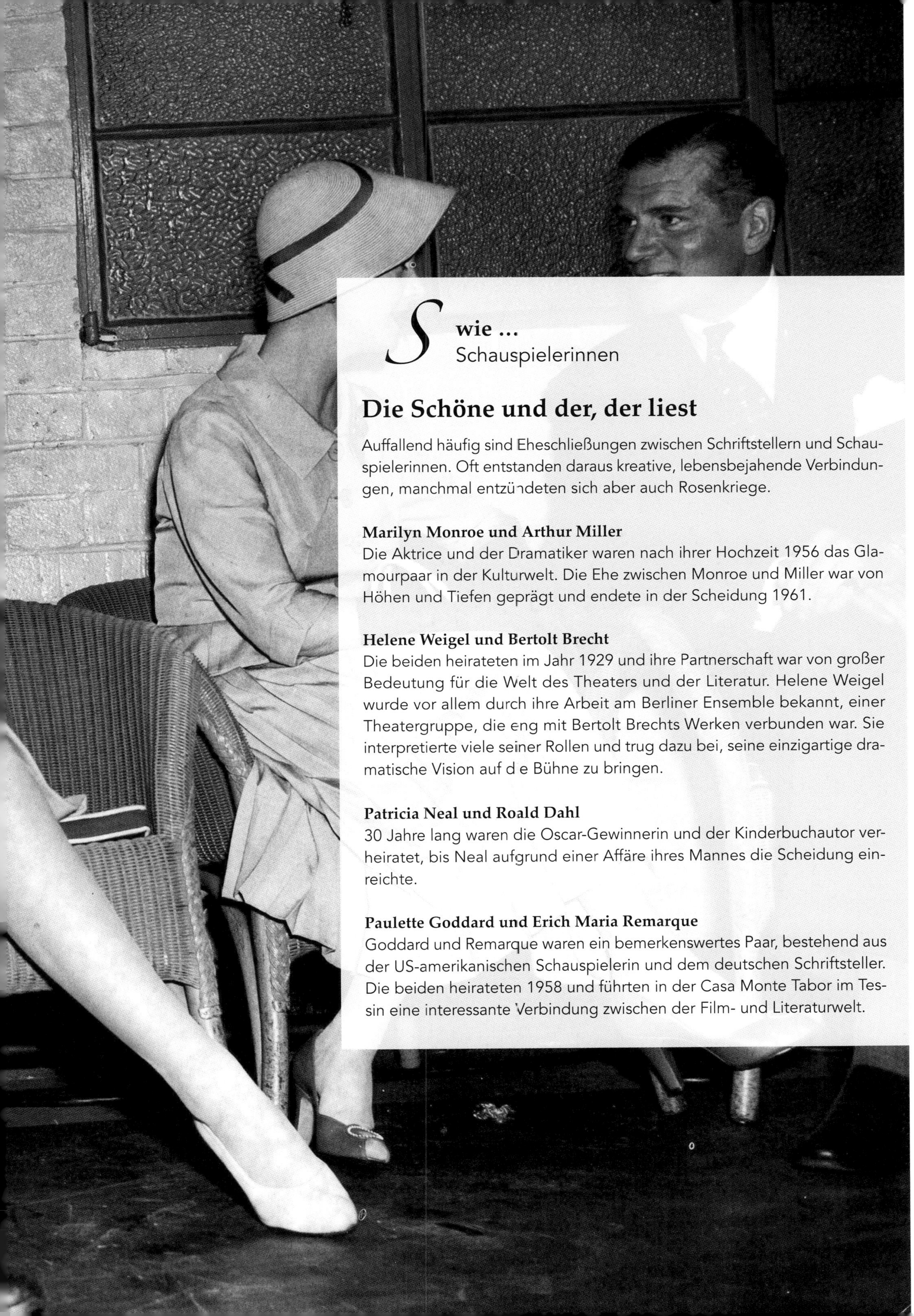

S wie ... Schauspielerinnen

Die Schöne und der, der liest

Auffallend häufig sind Eheschließungen zwischen Schriftstellern und Schauspielerinnen. Oft entstanden daraus kreative, lebensbejahende Verbindungen, manchmal entzündeten sich aber auch Rosenkriege.

Marilyn Monroe und Arthur Miller
Die Aktrice und der Dramatiker waren nach ihrer Hochzeit 1956 das Glamourpaar in der Kulturwelt. Die Ehe zwischen Monroe und Miller war von Höhen und Tiefen geprägt und endete in der Scheidung 1961.

Helene Weigel und Bertolt Brecht
Die beiden heirateten im Jahr 1929 und ihre Partnerschaft war von großer Bedeutung für die Welt des Theaters und der Literatur. Helene Weigel wurde vor allem durch ihre Arbeit am Berliner Ensemble bekannt, einer Theatergruppe, die eng mit Bertolt Brechts Werken verbunden war. Sie interpretierte viele seiner Rollen und trug dazu bei, seine einzigartige dramatische Vision auf die Bühne zu bringen.

Patricia Neal und Roald Dahl
30 Jahre lang waren die Oscar-Gewinnerin und der Kinderbuchautor verheiratet, bis Neal aufgrund einer Affäre ihres Mannes die Scheidung einreichte.

Paulette Goddard und Erich Maria Remarque
Goddard und Remarque waren ein bemerkenswertes Paar, bestehend aus der US-amerikanischen Schauspielerin und dem deutschen Schriftsteller. Die beiden heirateten 1958 und führten in der Casa Monte Tabor im Tessin eine interessante Verbindung zwischen der Film- und Literaturwelt.

EVENTS
ROWAN
HISAYO BUCHANAN
HARMLESS
LIKE YOU

S wie …
Shakespeare and Company

Paris at its best

»Shakespeare and Company« ist eine Buchhandlung für englischsprachige Literatur – und mehr als das: eine traditionsreiche Institution des Pariser Kulturlebens. Im Jahr 1919 eröffnete die 1887 in Baltimore geborene, 1901 nach Paris gezogene Sylvia Beach ein erstes Ladengeschäft dieses Namens, das bald für die vielen englischsprachigen Literaten in der Seinemetropole zu einem beliebten Treffpunkt wurde. Nicht nur Hemingway und Scott Fitzgerald lasen sich in der Rue de l'Odéon aus ihren Werken vor, auch James Joyce verkehrte hier. Sein zuvor von mehreren Verlagen abgelehntes Meisterwerk »Ulysses« veröffentlichte Beach im Jahr 1922. Als sie 1962 starb, setzte George Whitman ihre Tradition fort und nannte seine 1951 in der Rue de la Bûcherie gegründete Buchhandlung »Le Mistral« in »Shakespeare and Company« um. In dieser höhlenartig verwinkelten, Antiquarisches ebenso wie Novitäten anbietenden Buchhandlung im Quartier Latin diskutierten einst Henry Miller, Allan Ginsberg und Anäis Nin über neue Trends in der Literatur.

Bis heute ist »Shakespeare and Company« ein Veranstaltungsort für Lesungen und alle zwei Jahre Schauplatz der Verleihung des »Paris Literary Prize«. Jungliteraten können eine Zeit lang kostenlos über der Buchhandlung wohnen.

S **wie …**
Shakespeare, William

Auf den Spuren des »Barden von Avon«

Als der wohl berühmteste Dramatiker und Dichter der englischen Literatur ist William Shakespeare (1564–1616) bis heute geradezu eine Ikone der Kultur in seinem Heimatland und weit darüber hinaus. Er schrieb etwa 40 Theaterstücke, darunter »Romeo und Julia«, »Hamlet«, »Macbeth« und »Der Widerspenstigen Zähmung«. Seine Werke sind überall auf der Welt bekannt, werden oft aufgeführt und beeindrucken durch ihre Schönheit und Tiefe. Shakespeare nutzte seine Begabung, um menschliche Gefühle, Beziehungen und Konflikte auf eine zeitlos gültige Weise darzustellen. Er beeinflusste auch die grammatikalische Struktur der englischen Sprache. So nutzte er Verben und Adjektive in neuer Weise, um tiefere Bedeutungen und komplexe Gedanken auszudrücken. Gern spielte er mit Worten und machte den Sprachgebrauch anspruchsvoller. Beispielsweise führte er eine Reihe neuer Ausdrücke und Phrasen ein, die bis heute benutzt werden, etwa »neither here nor there«, »naked truth« oder »break the ice«.

Stratford-upon-Avon
Nirgendwo sonst auf der Welt wird William Shakespeare von seiner internationalen Fangemeinde derart verehrt wie in seiner Heimatstadt. Fast alles scheint sich hier um den Meister zu drehen – vom mittelalterlichen Geburtshaus über die kuriosesten Produkte bis hin zum modernen Royal Shakespeare Theatre, an dem die besten Schauspieler des Landes ihr Können zeigen. Oder man besucht den Herrensitz Charlecote Park, wo einst Sir Thomas Lucy den Dichter beim Wildern erwischt und verurteilt haben soll, worauf dieser ihn als Richter in den »Lustigen Weibern von Windsor« verewigte.

Globe Theatre in London
1997 wurde das neue Globe nur 200 Meter vom ursprünglichen Standort des originalen Shakespeare'schen Theaters eröffnet – und verblüfft Besucher mit der weitgehend originalgetreuen Architektur und mit Inszenierungen, die fern von bildungsbürgerlicher Bedeutungsschwere sind. Das neue Theater wurde nach elisabethanischen Plänen so errichtet, wie das ursprüngliche Haus vermutlich ausgesehen hat. Der mehreckige Rundbau mit offenem Dach im inneren Rund ist als erstes und einziges Londoner Haus seit dem Großen Brand von 1666 am Rand mit Stroh gedeckt. Innen befindet sich eine kleine überdachte Bühne mit Balkon, während sich rundum über drei Stockwerke Zuschauergalerien entlangziehen.

Kronborg Slot
Shakespeare diente das Schloss in Helsingör auf der dänischen Insel Seeland als Vorbild für Elsinore Castle in »Hamlet«. Der Renaissancebau mit seinen Prunksälen ist heute eine Pilgerstätte für Literaturfans.

»Romeo und Julia« in Verona
Vorbild für Julias Balkon soll der gedrungene Fenstersims des als Casa di Giulietta bekannten Gebäudes sein. Einst lebte hier die Familie Capullo, die Shakespeare möglicherweise zu seinen Capulets inspirierte. Die sogenannte Casa di Romeo soll früher den Montecci gehört haben, dem möglichen Vorbild für die mit den Capulets verfeindeten Montagues. Im ehemaligen Kloster San Francesco al Corso befindet sich die angebliche letzte Ruhestätte von Shakespeares Julia. Allerdings ist der antike Marmorsarkophag leer. Dennoch pilgerten schon Anfang des 19. Jahrhunderts Schriftsteller der Romantik wie Dickens oder Lord Byron zu Julias vermeintlichem Grab.

Rom
In der Tragödie »Julius Caesar« verdichtet Shakespeare die Geschehnisse nach Cäsars Ermordung dramatisch. Auf dem Forum Romanum lässt er Mark Anton in der Totenrede sagen: »Freunde, Römer, Landsleute, leiht mir eure Ohren.«

Im Uhrzeigersinn von links oben: »Macbeth« im Globe Theatre; Casa Giuletta in Verona; Forum Romanum in Rom; Geburtshaus in Stratford; Globe Theatre; Street-Art.

S wie … Shaoyang

Gigantische Spiegelflächen an Boden und Decke sorgen in dieser futuristischen Buchhandlung in der Stadt Shaoyang in der chinesischen Provinz Hunan dafür, dass hier die Grenzen zwischen Realität und Wirklichkeit nicht nur zwischen den Buchdeckeln aufgehoben werden.

S wie …
Stockholm

Bildschöne Stadsbibliotek

Wer Bücher, Gedrucktes und Handgeschriebenes liebt, ist hier goldrichtig. Auf rund 100 Kilometer Regalfläche lagert alles, was seit 1661 in Schweden bzw. in schwedischer Sprache gedruckt wurde. Das 1928 eingeweihte Hauptgebäude der Stockholmer Stadtbibliothek entwarf der schwedische Architekt Gunnar Asplund. Seine Inspiration verdankte er einer Studienreise durch die USA. Er schuf einen zentralen, runden Hauptsaal, den Bücherregale auf drei Etagen umgeben. Nach oben schließt er als hoher Zylinder ab. Das Gebäude ist ein frühes Beispiel für den Funktionalismus, dessen führender Vertreter Asplund in Schweden wurde.

Kulturelles Zentrum in der Stadt Stockholm: Die Stadtbibliothek Stockholm ist bekannt für ihre umfangreiche Sammlung, ihre Veranstaltungen und ihre Bedeutung als Ort des Wissens und der Bildung für die Gemeinschaft.

S wie …
Strahov, Kloster

Klosterschatz in Prag

In wahrhaft prachtvoller Umgebung bewahrt die Bibliothek im Kloster Strahov über 200000 Bände, 3000 Originalmanuskripte aus dem Mittelalter, Artefakte, Erstdrucke, Handschriften und Kuriositäten. Das Kloster selbst stammt aus dem 12. Jahrhundert, der älteste Teil der Bibliothek hingegen ist der Theologiesaal, der zwischen 1671 und 1674 entstand. Seinen frühbarocken Ursprung veranschaulichen Deckenfresken und Stuckdekorationen. Neben theologischen Schriften finden sich hier unterschiedliche Übersetzungen und Ausgaben der Bibel. Der Hauptsaal der Bibliothek erstreckt sich über zwei Stockwerke und wurde im Hochbarock (1738–1785) errichtet. In den deckenhohen Regalen reihen sich Bücher über Philosophie, Medizin, Naturwissenschaften, Astronomie oder Jura aneinander. Zwischen den beiden Sälen liegt die Kuriositätensammlung, die neben archäologischen Funden auch Dinge zeigt, die der damaligen Wissenschaft sonderbar erschienen.

Zu den wertvollsten Handschriften des Klosters (hier der Philosophische Bibliothekssaal) zählt das Strahover Evangeliar aus dem 9./10. Jahrhundert.

S wie …
Strand Book Store

New Yorker Kult-Laden

Unter den Buchhandlungen der Welt ist diese eine Ikone. 1927 wurde der heute am New Yorker Broadway ansässige Strand Book Store von Benjamin Bass gegründet und ist seither unabhängig und in Familienbesitz geblieben. Legendär sind die »18 Miles of Books«, womit auf die Gesamtlänge der Bücherregale auf drei Etagen des mit über 5000 Quadratmetern geradezu gigantischen Ladens angespielt wird. Die schier endlose Auswahl umfasst verschiedenste Genres. Von aktuellen Bestsellern bis hin zu seltenen Sammlerstücken ist so ziemlich alles vertreten. Insbesondere ist der Strand Book Store für seinen gewaltigen Bestand an gebrauchten Büchern bekannt und hat darüber hinaus eine wichtige Funktion als kultureller Treffpunkt. Regelmäßig werden Lesungen, Autorengespräche und Signierstunden veranstaltet.

An der Ecke Broadway/East 12th Street warten rund 2,5 Millionen Bücher auf Käufer. Unter den Mitarbeitern in »The Strand« waren im Laufe der Jahre auch einige Prominente, darunter Sängerin Patti Smith und Schauspieler Sam Shepard.

CLASSICS
EXIT
BANNED BOOKS
Valley of the Dolls
AYN RAND

S wie …
Stuttgart

Stadtbibliothek am Mailänder Platz

Doch, in Stuttgart kann es auch durchaus erfolgreiche Bauprojekte geben! Eindrucksvolles Beispiel ist der einst als »Bibliothek 21« bekannte Neubau der Stadtbibliothek durch den koreanischen Architekten Eun Young Yi. Dieser sieht sein Werk als »neuen Mittelpunkt einer modernen Gesellschaft«. Auf einem städtischen Entwicklungsareal baute der Koreaner keinen Büchertempel, sondern einen 44 Meter breiten und 40 Meter hohen Kubus mit acht Ebenen, davon eine ganz für Kinder. Über dem Glasdach sind solarzellenbestückte Sonnenschutzlamellen angebracht. Der Clou des Monolithen ist seine Zwiebelstruktur: Die äußere Hülle besteht aus Glasbausteinen und Beton – je neun mal neun Elemente auf jeder Seitenfläche –, der sich eine innere Hülle, eine leichte Glasfassade mit Blendschutz, anschließt. Der ringförmigen Medienpräsentation, Bücherregale umgeben von »homogenen« Oberflächen, folgt im Zentrum das »Herz«: ein leerer weißer Raumwürfel. In der fünften Ebene geht das Herz in einen trichterförmig nach oben sich ins Licht öffnenden Galeriesaal über.

Der Entwurf sah einen lichten Galeriesaal vor.

↑ Literatur
192
193

T

wie …

Typografie, Titel, Tolstoi, Thriller, Tinte, Tagebuch, Text, Taschenbuch, Tom Sawyer, Titelei, Tolkien, Tragödie

Die futuristische Binhai-Bibliothek im nordchinesischen Tianjin erstaunte die Leserwelt bei ihrer Eröffnung 2017. Doch auch wenn die Architektur wie aus einem Bücherhimmel wirkt, gibt es einen Haken: Bei den Reihen von Buchrücken handelt es sich größtenteils um Bilder, die auf die Aluminiumplatten gedruckt sind, die die Rückseiten der Regale bilden.

KOKANDUS
MUUSIKA JA FILM
KOKANDUS
KOKANDUS TOP
MAJANDUS
EESTI SARJAD
Kaks raamatut = 6 €
SUUSATAMINE
PEKING 2008

T wie …
Tartu

Älteste Stadt des Baltikums, zweitgrößte Siedlung Estlands – und die Wiege der estnischen Kultur: Tartu ist reich an Superlativen. Im 11. Jahrhundert gegründet und schon seit 1632 Sitz einer Universität, erschienen hier auch die ersten Zeitungen des Landes und 1865 wurde mit dem Vaneumuine-Theater die erste estnischsprachige Bühne gegründet. Nicht zu Unrecht wird Tartu daher auch als intellektuelle Hauptstadt Estlands bezeichnet und ist seit 2015 City of Literature der UNESCO. Schon seit 1912 besteht die estnische Buchhandelskette Rahva Raamat, die auch eine sehr sehenswerte Filiale in Tartu unterhält. Hier gibt es neben einer großen Auswahl an englischsprachigen Büchern auch eine gut sortierte DVD-Abteilung.

Erexit dominus no bis cornu sa lutis in
domo david pu e ri sui. ps. Benedictus.
Feria quarta
Invit.
In manu tu a do mine Omnes fi nes
terre. ps Venite. ym Rerum creator op
time rectorque noster aspice nos a quie te
noxia mersos sopore libera.
Te sancte christe poscimus ignosce tu criminibus ad confitendum surgimus morasque noctis rumpimus. Mentes manusque tollimus propheta sicut noctibus nobis gerendum precipit paulusque gestis censuit. Vides malum quod gessimus occulta nostra pandimus preces gementes fundimus dimitte quod peccavimus
Advenit dominus. Evouae.

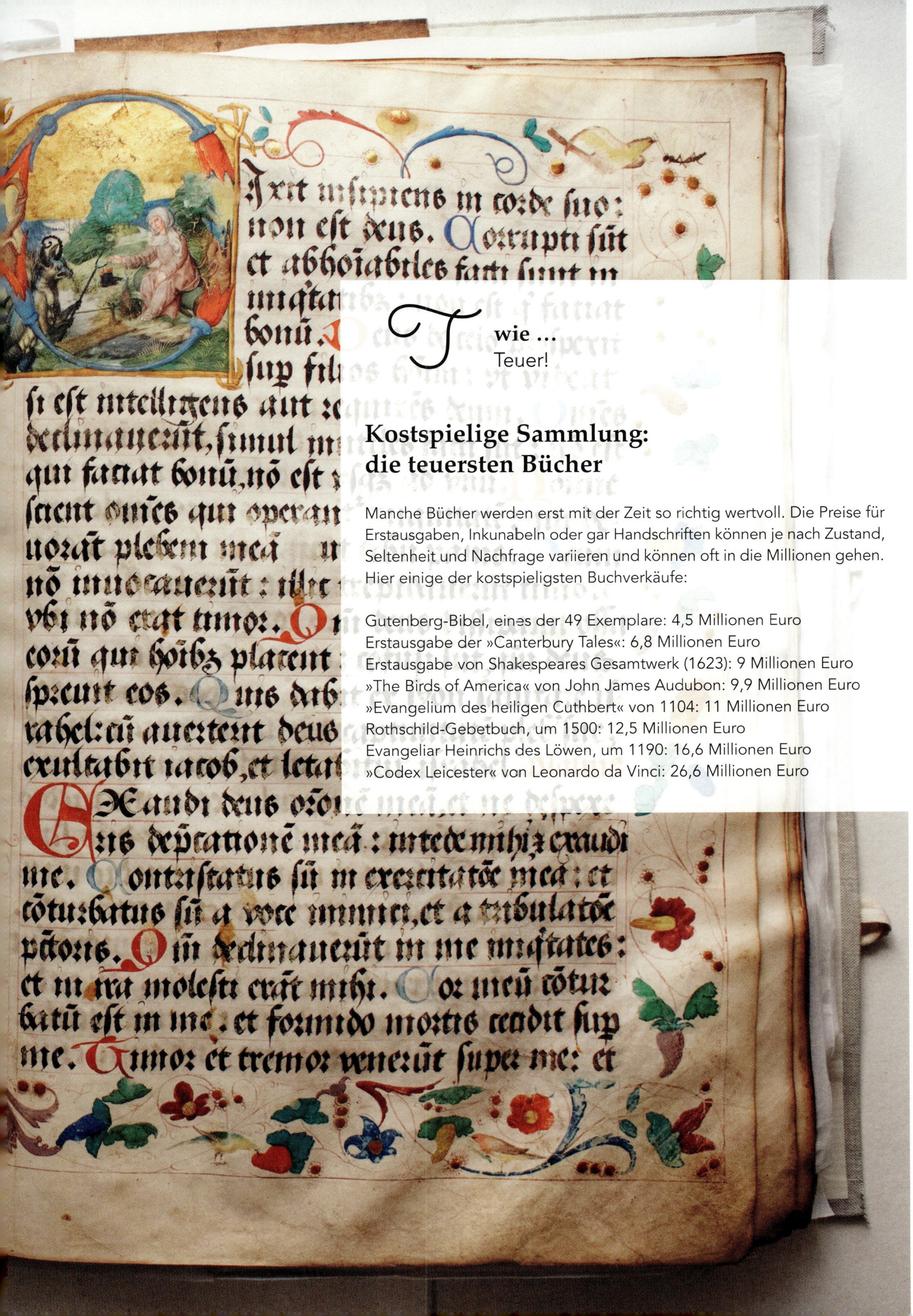

T wie …
Teuer!

Kostspielige Sammlung: die teuersten Bücher

Manche Bücher werden erst mit der Zeit so richtig wertvoll. Die Preise für Erstausgaben, Inkunabeln oder gar Handschriften können je nach Zustand, Seltenheit und Nachfrage variieren und können oft in die Millionen gehen. Hier einige der kostspieligsten Buchverkäufe:

Gutenberg-Bibel, eines der 49 Exemplare: 4,5 Millionen Euro
Erstausgabe der »Canterbury Tales«: 6,8 Millionen Euro
Erstausgabe von Shakespeares Gesamtwerk (1623): 9 Millionen Euro
»The Birds of America« von John James Audubon: 9,9 Millionen Euro
»Evangelium des heiligen Cuthbert« von 1104: 11 Millionen Euro
Rothschild-Gebetbuch, um 1500: 12,5 Millionen Euro
Evangeliar Heinrichs des Löwen, um 1190: 16,6 Millionen Euro
»Codex Leicester« von Leonardo da Vinci: 26,6 Millionen Euro

T

wie …
Tripitaka Koreana

81 258 Platten

Die Tripitaka Koreana, die weltweit größte Sammlung buddhistischer Texte, wurde im 13. Jahrhundert in 81 258 Holzdruckstöcke geschnitten. Die zur Zeit der Koryo-Dynastie (918–1392) angefertigten Druckstöcke der Tripitaka (»Drei-Körbe-Lehre«) des Mahayana-Buddhismus, der damals koreanische Staatsreligion wurde, lagern in zwei Magazinhallen namens Changgyong Pango im Kloster Haeinsa auf dem Berg Kaya im Süden Südkoreas. Geschnitzt wurde in beide Seiten der Platten aus Birn- und Kirschbaumholz, sodass sich insgesamt 162 516 Druckseiten ergaben. Jede Seite weist 22 Zeilen zu je 14 chinesischen Schriftzeichen auf. Etwa 200 Mönche haben zwölf Jahre lang an dem gigantischen Werk gearbeitet, bis es 1248 vollendet war. Eine Meisterleistung war die Vorbehandlung des Holzes. Um es für die Ewigkeit zu präparieren, setzte man es einer außergewöhnlichen Behandlung aus: Jeweils drei Jahre wurde es in Seewasser, Süßwasser, in der Erde und an der frischen Luft gelagert. Erst dann wurden die Platten beschnitzt. Luftzirkulation und Luftfeuchtigkeit in dem im Jahr 1488 eigens erbauten Magazin gelten als optimal und sind bisher von keiner modernen Lagerstätte übertroffen worden.

Die Regalreihen ziehen sich durch einige Gebäude der Klosteranlage.

U

wie …

Umschlag, Untertitel, Updike, Umlaut, Unterstrich, Urtext, Ulysses, Übersetzung, Urheberrecht, U1, Uriah Heep

Die historische Bibliothek der Universität von Utrecht ist der ehemalige Palast von König Lodewijk Napoleon, dem Bruder von Napoleon Bonaparte. Der Palast wurde in den Jahren 1806–1808 erbaut. Im Jahr 1820 wurde er zur Universitätsbibliothek.

U wie ... Ulm

Bibliothek im Kloster Wiblingen

Die 1093 gegründete Benediktinerabtei bei Ulm wurde zu Beginn des 18. Jahrhunderts in barockem Stil grundlegend umgestaltet bzw. neu errichtet. Bautypologisch ist das Kloster dem Escorial bei Madrid nachempfunden; ähnlich wie dort bildet eine Kirche – hier St. Martin – das Herzstück. Mit der weiß-goldenen Farbgebung und dem antiken Ornamentrepertoire im Innenraum klingt bei dem um 1780 errichteten Gotteshaus bereits der Frühklassizismus an. Schier den Atem verschlägt es dem Betrachter jedoch im Bibliothekssaal des Klosters, einem der prunkvollsten Rokoko-Repräsentationsräume Süddeutschlands. Glanzpunkte sind hier das grandios ausgeführte Deckenfresko, auf dem antike und christliche Motive gegenübergestellt sind, sowie zu Füßen der umlaufenden Empore die in ebenfalls antithetischer Konzeption angelegten figürlichen Allegorien der Wissenschaften und des Glaubens, geschnitzt von Dominikus H. Herberger.

Im schönsten Rokoko schwelgt der Bibliothekssaal von Kloster Wiblingen. Geschnitzte Allegorien der Wissenschaften, Künste sowie des Glaubens stehen sich gegenüber.

Kongur
Huginn
Muninn

U wie …
Uralt

Jahrtausendealte Sprachen

Über 7000 Sprachen existieren auf der Erde – noch, denn ein Drittel von ihnen ist akut vom Aussterben bedroht. Manche Sprachen allerdings sind echte Dauerbrenner und schon seit Urzeiten in Gebrauch:

Isländisch, seit dem 10. Jahrhundert
Irisch-Gälisch, seit dem 4. Jahrhundert
Baskisch, etwa seit der Zeitenwende
Tamil, seit etwa 300 v. Chr.
Farsi, seit dem 6. vorchristlichen Jahrhundert
Hebräisch, seit dem 10. vorchristlichen Jahrhundert
Arabisch, seit etwa 1100 v. Chr.
Han-Chinesisch, seit etwa 1250 v. Chr.
Griechisch, seit etwa 1400 v. Chr.

U wie … Utrecht

Literatur in der Domstadt

Utrecht, die bis ins 16. Jahrhundert bedeutendste Stadt der Niederlande, hat mit Grachten, bunten Häusern und urigen Cafés den Charme von anno dazumal bewahrt. Seit 2017 ist Utrecht als Heimat zahlreicher Schriftsteller, Buchhandlungen und Verlage UNESCO-Literaturstadt. Die hiesige Universität hat eine starke Tradition der Vergleichenden Literaturforschung. In der Schatzkammer ihrer Bibliothek bewahrt sie Raritäten wie das Utrechter Psalter, ein Meisterwerk der Buchkunst aus der Zeit Karls des Großen, auf.

Boekenkast

An einem Wohnhaus in der Mimosastraat zeigt Street-Art des lokalen Künstlers Jan Is De Man ein wandfüllendes Bücherregal. Die Bewohner traten selbst an ihn heran mit der Bitte, ihr Umfeld zu verschönern. Er befragte sie nach ihren Lieblingsbüchern, die überdimensionalen Buchrücken leuchten nun auf dem Wandbild um die Wette.

Vrouwenbibliotheek Utrecht

Die Bibliothek ist auf Literatur von und über Frauen spezialisiert. Wer nicht Mitglied werden möchte, kann einzelne Bücher gegen Gebühr ausleihen. Aktivitäten werden organisiert, etwa zum Internationalen Frauentag am 8. März.

Nijntje-Museum

Als die berühmteste Häsin der Welt wird Miffy oft bezeichnet, und es gibt wohl einige kleine und große Kinder, die bei ihrem Anblick in Verzückung geraten. Was jedoch vermutlich die wenigsten wissen, ist, dass sie eigentlich Nijntje heißt und ihr Schöpfer ein Utrechter Künstler war. Ihm zu Ehren eröffnete man das Nijntje-Museum, in dem man in die von minimalistischen Formen und kräftigen Grundfarben geprägte Welt eintauchen kann, der weißen Häsin mit der X-Nase begegnet und zudem einiges Interessantes über ihren »Vater« Dick Bruna lernt.

Rechts: Miffy, die Häsin aus der Feder des Utrechter Zeichners Dick Bruna (1927–2017) ist im Stadtbild allgegenwärtig. Rechte Seite: Durch die Umnutzung eines 100 Jahre alten Postgebäudes schuf die Bibliothek Neude in Utrecht neue, inspirierende Leseräume. Der ursprüngliche Entwurf des Postamts von Joseph Crouwel (1885 bis 1962) wurde von der Amsterdamer Schule beeinflusst und zeichnet sich durch reiche Ornamente aus, die auch Art-déco-Elemente enthalten.

V

wie …

Versatz, Vorwort, Voltaire, Verlag, Vorschau, Vonnegut, Veröffentlichung, Verne, Versmaß, Valjean, Verfilmung

Chaotischer Charme erwartet Besucher in der Libreria Acqua Alta in Venedig. Hier dienen die Bücher nicht nur als Treppen oder Wandverkleidung, sondern lagern im Inneren stilecht in ausgedienten Gondeln.

English
%SALE%
ATLAS
IJSSEL

V wie … Van der Velde Boeken

Die 1836 gegründete Traditionsbuchhandlung im niederländischen Zwolle zog 2013 in die säkularisierte Broerenkerk um. Mit ihrem hohen gotischen Innenraum, den Heiligenbildern im Gewölbe, einer kostbaren Orgel von 1824 und einem modernen Buntglasfenster des norwegischen Künstlers Kjell Nupen bietet die 1466 von Dominikanern gegründete Kirche den perfekten Rahmen für einen Buchkauf. Van der Velde hat eine breite Palette an Büchern, auch englischsprachige Titel, im Angebot. Regelmäßig werden Lesungen und Signierstunden mit Autoren veranstaltet.

860
820
860
820
850
820

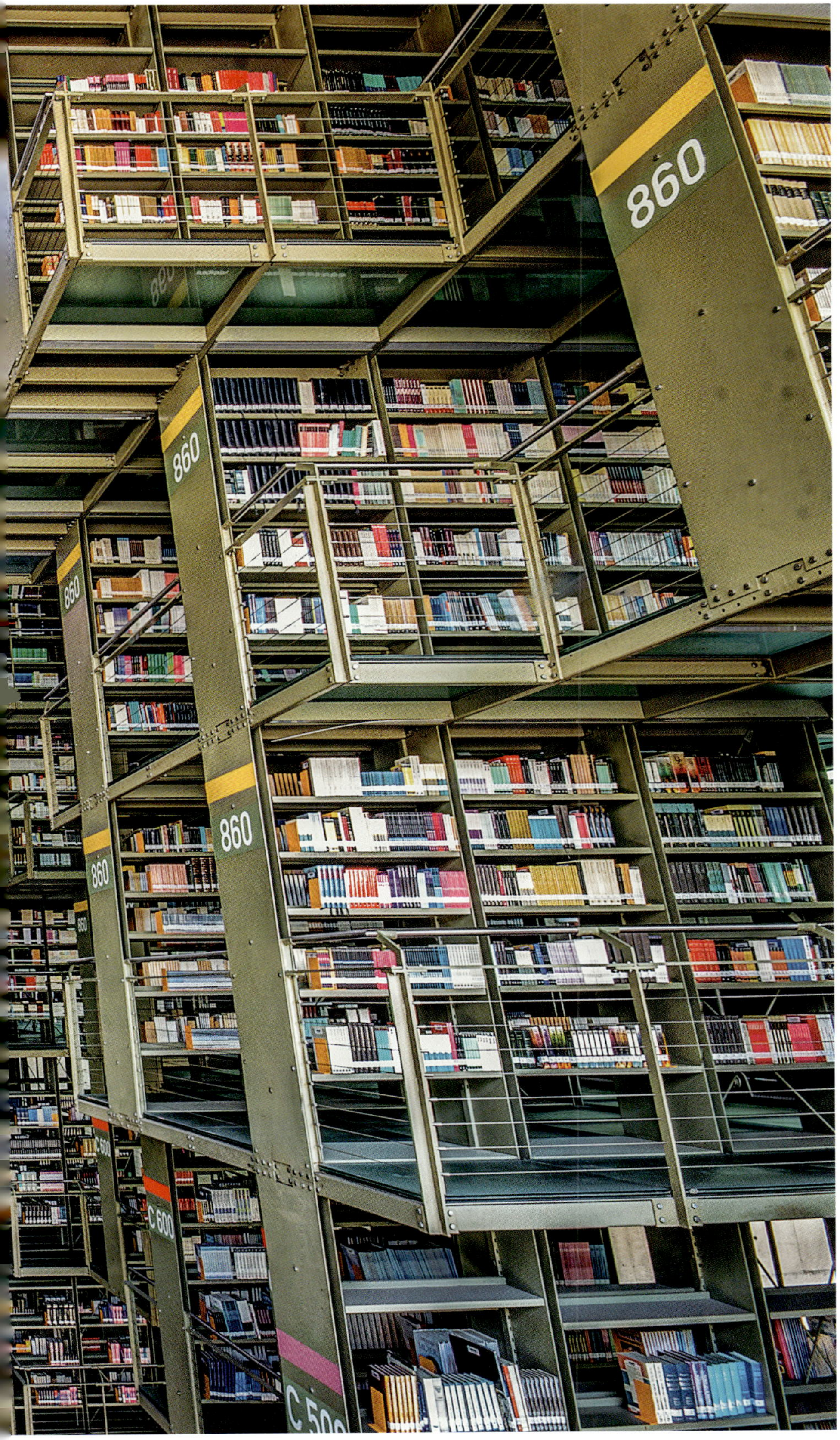

V

wie ...
Vasconcelos, Biblioteca

Büchertraum in Mexiko-Stadt

Es gibt nur eine einzige Beschreibung, die auf die Biblioteca Vasconcelos zutreffend erscheint: »Megabibliothek«. Beim Betreten des 2007 eröffneten Gebäudes scheint man direkt in die Zukunft zu reisen: die Bücherregale wirken, als schwebten sie in der Luft, Treppen und Balkone führen scheinbar ins Nirgendwo. Den 38000 Quadratmeter großen Raum begrenzen riesige Glasflächen. In der nach dem mexikanischen Philosophen José Vasconcelos (1882–1959) benannten Bibliothek sind insgesamt fünf Büchereien miteinander verschmolzen und sorgen nun für einen Bestand von über einer halben Million Büchern. Jede der vormals eigenständigen Sammlungen kennzeichnet nun ein eigenes Design, das jeweils ein bestimmtes Material betont. Von jedem Punkt der Bibliothek aus haben Besucher das Skelett eines riesigen Wals im Blick. Das Objekt »Mobile Matrix« des Künstlers Gabriel Orozco erfüllt das Zentrum und stellt eine Bezugsgröße zum gigantischen Raum dar.

Wie in einem Lagerparadies wähnt man sich zwischen den hohen Stockwerken im Hauptlesesaal.

V wie ... Vatikan

Biblioteca Apostolica Vaticana

Gemessen am Wert der darin aufbewahrten Werke, gilt die Vatikanische Bibliothek als reichste der Welt. Zwar reichen die Ursprünge der Bibliothek weit bis in das 4. Jahrhundert zurück, der Grundstock für die heutige Sammlung aber wurde erst rund 900 Jahre später gelegt, als Papst Nikolaus V. 1447 die bis dato nur wenige Werke umfassende Sammlung des Vatikans mit seiner privaten Bibliothek zusammenführte und systematisch ausbauen ließ. Bereits 1455, im Todesjahr des Pontifex, nannte die Bibliothek rund 1500 Manuskripte aus allen Teilen Europas ihr Eigen. In den folgenden Jahrhunderten wuchs sie durch weitere Ankäufe und Schenkungen kontinuierlich. Schon der Katalog des ersten Präfekten Bartolomeo Sacchi verzeichnete im Jahr 1481 3400 Bände. Der Codex Vaticanus, die älteste bekannte neutestamentliche Handschrift, war bereits 1448 in den Besitz der Bibliothek gelangt. Zum Bestand der Bibliothek zählen heute nicht nur 150 000 Handschriften, sondern mittlerweile auch rund 1 500 000 Bücher.

Das historische Herzstück der päpstlichen Büchersammlung ist der Salone Sistino, ein Werk des Schweizer Renaissancearchitekten Domenico Fontana.

V

wie …
»Le Volcan«

Niemeyers »Vulkan« in Le Havre

Wer mit Beton eine eher ungemütliche Raumatmosphäre verbindet, sollte der vom brasilianischen Architekten Oscar Niemeyer gestalteten Bibliothek in Le Havre unbedingt einen Besuch abstatten. Die grauen Steinwände in Kombination mit Kastanienholzböden, Teppichen und gemütlichem Mobiliar sorgen für kuscheliges Klima, das die Bibliothek zum echten Wohlfühlort macht. Seit 2015 beherbergt der sogenannte Kleine Vulkan im Viertel Halles Centrales diesen Treffpunkt, der nicht nur Bücherwürmern etwas zu bieten hat: Hier gibt es Arbeits- und Ruheräume, Film- und Fernsehzimmer und Hörmuscheln für Audiomedien. Ihre moderne Funktionalität verdankt die Bibliothek Modernisierungsmaßnahmen, von denen auch der »Große Vulkan« – 1982 als Haus der Kulturen eröffnet, heute Heimat der Scène Nationale – profitierte.

Als »Maison de la culture« wurde Le Volcan in Le Havre gegründet. Federführend war niemand Geringeres als Oscar Niemeyer (1907–2012), Brasiliens Wegbereiter der modernen Architektur. Im spiralförmig zugänglichen »Petit Volcan« befindet sich die öffentliche Bibliothek.

wie …

Wörterbuch, Whitman, Wortwahl, Weißraum, Woolf, Widmung, Wilde, Weltliteratur, Werk, Waldo

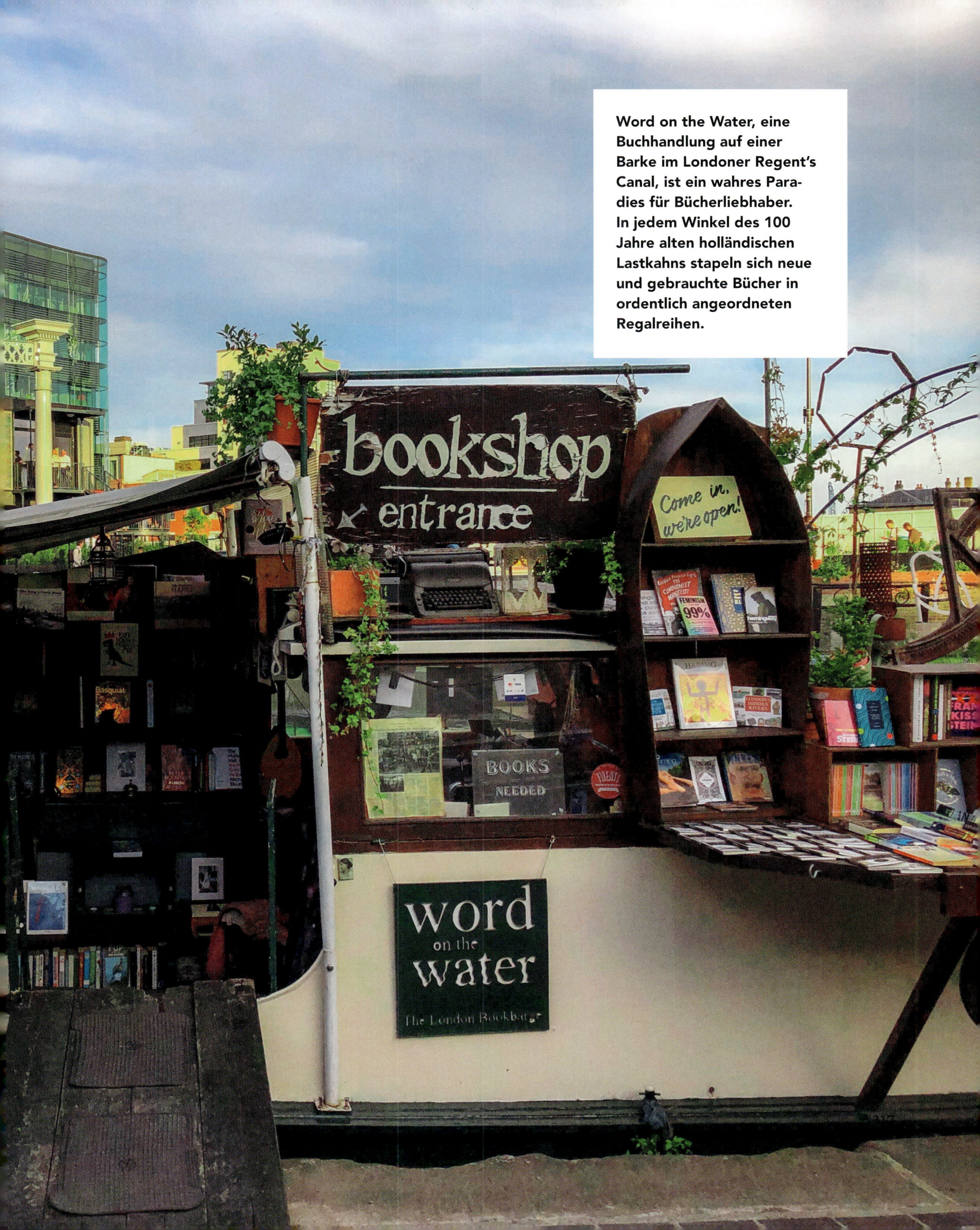

Word on the Water, eine Buchhandlung auf einer Barke im Londoner Regent's Canal, ist ein wahres Paradies für Bücherliebhaber. In jedem Winkel des 100 Jahre alten holländischen Lastkahns stapeln sich neue und gebrauchte Bücher in ordentlich angeordneten Regalreihen.

W **wie …**
Waldsassen

In Holz geschnitzt

Markante Figuren prägen den Bibliothekssaal im Kloster Waldsassen und tragen die prächtige Empore auf ihren Schultern. Doch die zehn hölzernen Gestalten, die den Saal einzigartig machen, haben auch einen tieferen Sinn. Die meisterhaft geschnitzten Figuren stellen die Ausprägungen des Hochmuts dar: die Heuchelei, die Dummheit, die Spottlust und vor allem aber die Ignoranz. Die Stiftsbibliothek Waldsassen ist ein Kleinod und lockt Jahr für Jahr gut 100 000 Besucher in die Abtei. Der Bau der Bibliothek begann bereits 1433, als der Abt Johannes VI. Wendel einen ansprechenden Raum für die Bücher schaffen ließ. Der allerdings war deutlich bescheidener als der heute so prächtige Saal. Erst im Jahr 1724 gab Abt Eugen Schmid den Auftrag, den Raum so zu gestalten, wie er noch jetzt zu sehen ist. Beachtlich sind neben den lebensgroßen Holzfiguren, die Karl Stilp schnitzte, auch die Porträtbüsten, die Personen aus der Antike zeigen. Der Bestand der Bibliothek der Zisterzienserinnenabtei stammt überwiegend aus einer Leihgabe des Staates in den 1960er-Jahren, da der Erstbestand durch die Säkularisation verloren ging.

Oben: Karl Hofreiter schuf die Deckengemälde, für die Stuckaturen zeichnen italienische Künstler verantwortlich. Rechts: Stilps Figur »Heuchlerischer Narr mit dem Vogel der Selbsterkenntnis«.

W wie …
Washi

Traditionelles japanisches Büttenpapier

Noch zu Beginn des 20. Jahrhunderts war handgeschöpftes Washi das einzige in Japan erhältliche Papier. Auf ihm wurden nicht nur Texte geschrieben, mit ihm wurden auch Lampenschirme oder die typisch japanischen Raumteiler und Schiebetüren bespannt. Heute findet es vor allem in der Kunst, etwa im Origami oder der Tuschemalerei, Verwendung. Die Fertigung von Washi ist hochkomplex und besteht aus vielen Arbeitsschritten. Das Ausgangsmaterial bildet die Rinde des Papiermaulbeerbaums, die zunächst zum Bleichen mehrere Tage in klares Wasser gelegt und dann gekocht wird. Aufgabe der Frauen ist es, jegliche Verunreinigung von den Fasern per Hand zu entfernen. Diese Arbeit erfordert allergrößte Sorgfalt und sehr viel Geduld. Die gereinigten Fasern werden gebündelt und mit einem Schlägel zu einer breiigen Masse zerklopft, die in einem Bottich in viel Wasser gelöst wird. Die Zugabe von Neri, einem Pflanzenschleim, verhindert, dass die Fasern sich am Boden absetzen. Mittels eines Bambussiebs in der Größe eines Papierbogens wird die Rohmasse geschöpft und Bogen für Bogen übereinandergelegt. Um das Wasser zu entfernen, müssen die Stapel noch für mehrere Stunden in eine Presse gelegt werden. Anschließend können die Bögen einzeln an der Sonne getrocknet werden. Die Kunst des Papierschöpfens wird in Japan noch heute in der Stadt Mino, in dem zu Hamada gehörenden Misumi-cho und in dem Dorf Higashi Chichibu praktiziert. Von der Kultivierung des Papiermaulbeerbaums bis hin zur Vermarktung des Papiers: Fast alle Einwohner sind an der Produktion beteiligt.

Oben: Trotz Gummistiefeln kann es recht kühl werden, wenn man von Hand die Pflanzenfasern im Fluss bei Mino zum Bleichen auslegt. In anderen Prozessschritten geht es hingegen heißer zu (Bilder unten).

W **wie …**
Washington, D.C.

Library of Congress

Wer Gesetze schaffen und das Land regieren will, muss ein möglichst umfassendes Wissen besitzen – oder umfassend recherchieren können. Nach diesem Motto wurde dem amerikanischen Kongress 1800 eine eigene Forschungsbibliothek eingerichtet. Als viele der 3000 Bücher in der Bibliothek im Britisch-Amerikanischen Krieg 1814 verbrannten, verkaufte Thomas Jefferson dem Kongress als Ausgleich seine Privatsammlung von 6487 bedeutenden Werken. Im Laufe des 19. Jahrhunderts übernahm die Sammlung die Aufgaben einer Nationalbibliothek. Heute verteilt sich die Bibliothek auf drei Gebäude in Washington. Mit rund 170 Millionen »Medien-Einheiten« – von Büchern und Karten bis zu Fotografien, Tondokumenten und Handschriften – ist sie seit dem Jahr 2020 die zweitgrößte der Welt. Zählt man nur die Bücher, ist sie sogar die größte. Sie beherbergt auch eine Gutenberg-Bibel, ein zeitgenössisches Porträt Christoph Kolumbus' sowie die Bibel Abraham Lincolns. Die Sammlungen verteilen sich auf drei durch unterirdische Gänge verbundene Gebäude auf dem Capitol Hill in Washington.

Das 1897 eingeweihte Thomas Jefferson Building beherbergt den berühmten Hauptlesesaal.

W **wie …**
Weimar

Herzogin Anna Amalia Bibliothek

Eine der bedeutendsten Bibliotheken Deutschlands ist in Weimar zu finden. Sie wurde 1691 als »Herzogliche Bibliothek« von Herzog Wilhelm Ernst gegründet. Heute heißt sie Herzogin Anna Amalia Bibliothek und ist einer breiten Öffentlichkeit vor allem durch den verheerenden Brand bekannt, der im September 2004 nicht nur das Gebäude, sondern auch kulturgeschichtlich einmalige Buchbestände zerstörte. Nach Restaurierungsarbeiten wurde das historische Gebäude 2007 wiedereröffnet. Den Namen der Herzogin von Sachsen-Weimar-Eisenach hatte die Bibliothek anlässlich ihres 300-jährigen Jubiläums im Jahr 1991 erhalten. Denn Anna Amalia (1739–1807) war ihre größte Förderin. Weltberühmt sind der ovale und mit vergoldetem Stuck verzierte Rokokosaal und einer der Bibliothekare: Johann Wolfgang von Goethe leitete die Bibliothek bis zu seinem Tod 35 Jahre lang. Die Herzogin Anna Amalia Bibliothek ist eine Forschungsbibliothek für Literatur- und Kulturgeschichte mit besonderem Schwerpunkt auf der deutschen Literatur von der Aufklärung bis zur Spätromantik.

Der zentrale Rokokosaal glänzt seit 2007 wieder in alter Pracht.

The Neck
The Bite
The Three Sisters
The Fingers
The Twins
Seagard
Green Fork
The Vale of Arryn
Ironman's Bay
Blue Fork
The Eyrie
Wendish Town
Bloody Gate
Runestone
Gulltown
Riverlands
Raventree Hall
Red Fork
The Trident
Riverrun
Stone Hedge
High Heart
Acorn Hall
Harrenhal
Wickendon
Isle of Faces
Golden Tooth
Pinkmaiden
Hornvale
Maidenpool
Antlers
Stoney Sept
Rosby
Crownlands
Deep Den
King's Landing
Blackwater Rush
The Goldroad
Silverhill
The Reach
Tumbleton
Kingswood
The Roseroad
Haystack Hall
Bitterbridge
Felwood
Grassy Vale
Bronzegate
Blueburn
Stormlands
Evenfall Hall
Long Table
Storm's End
Shipbreaker Bay
Summerhall
Cider Hall
Mander
Cockleswhent
Ashford
Griffin's Roost
Rain House
Blackhaven
Stonehelm
Mistwood
Nightsong
Vulture's Roost
Wyl
Prince's Pass
Kingsgrave
Sea of Dorne
Blackmont
Skyreach
Yronwood
Ghost Hill
The Tor
Dorne
Scourge
Godsgrace

W wie …
Weltenschöpfer

Die berühmtesten erfundenen Orte

Shangri-La
Der friedliche Ort in Tibet aus James Hiltons »Der verlorene Horizont«

Lilliput
Das Land der kleinen Leute in Jonathan Swifts »Gullivers Reisen«

Oz
Die magische Welt der Hexen in L. Frank Baums Jugendbuchreihe

Erewhon
Samuel Butlers Anagramm aus »nowhere« als Titelgeber des Romans

Mittelerde
Tolkiens übermächtige Kulisse für alle seine Romane, komplett mit eigener Historie und eigenen Sprachen erdacht

Phantásien
Michael Endes Parallelwelt in »Die unendliche Geschichte«

Utopia
Thomas Morus' Paradies auf Erden aus dem gleichnamigen Roman

Narnia
Eine Welt, die nur betreten kann, wer durch C. S. Lewis' Schrank eintritt

Westeros und Essos
Die wichtigsten Kontinente in George R. R. Martins Saga »Das Lied von Eis und Feuer« (Bild)

W wie … Wien

Ein Laden wie ein Schatzkasten: das Antiquariat Zum Stein der Weisen. Der Buchladen in der Wiener Gumpendorfer Straße hat sich auf seltene Drucke spezialisiert. Aber die Sehenswürdigkeit ist der Laden selbst.

Kingsgate Books & Prin

W wie … Winchester

Unter dem historischen Kingsgate Arch im mittelalterlichen Herzen von Winchester in Südengland residiert der gleichnamige Buchladen Kingsgate Books & Prints, der neben antiquarischen Büchern auch alte Landkarten, Stiche und Bilderrahmen im Sortiment führt.

W wie … Wolfenbüttel

Herzog August Bibliothek

Herzog August der Jüngere (1579 bis 1666) war gebildet, weitgereist und seit seiner Jugend ein Büchernarr. Mit Mitte 30 besaß er bereits mehr als 6000 Bücher und legte damit den Grundstein für seine legendäre Bibliothek in Wolfenbüttel, die bei seinem Tod mit 135 000 Titeln in 35 000 Bänden als umfangreichste Büchersammlung nördlich der Alpen galt und als achtes Weltwunder gefeiert wurde. Heute besitzt die Bibliothek, die nach ihrem Gründer benannt ist, etwa 900 000 Bände, darunter die bedeutendste Handschriftensammlung Norddeutschlands sowie weitere einzigartige Bücherschätze, die in der Vergangenheit von renommierten Schriftstellern wie François-Marie Arouet (Voltaire), Giacomo Casanova und Gotthold Ephraim Lessing bewundert wurden. Lessing wurde am 7. Mai 1770 sogar Bibliothekar der Herzog August Bibliothek. Das Gebäude, in dem die Sammlung heute aufbewahrt wird, die sogenannte Rotunde, wurde in den Jahren 1706 bis 1710 als erster selbstständiger profaner Bibliotheksbau Europas durch den Baumeister Hermann Korb errichtet.

Oben: Blick auf eine Bücherwand in der Augusteerhalle, die Teile der Bibliotheca Augusta umfasst. Rechts: Die Augusteerhalle ist das Herzstück der Bibliothek und wird häufig für Veranstaltungen genutzt.

Register

A
Abbadia, Château d' 18
Acqua Alta, Libreria 304
Admont, Stift 20
Ägypten 154
Ägypten 22
Alexandria 22
Amsterdam 24
- Anne Frank Haus 25
- Cuypersbibliothek 24
- OBA Oosterdok 25
AnonyMouse 202
Antwerpen 26
Apostolica Vaticana, Biblioteca 310
Argentinien 108
Armchair Books 104
Athen 28
Atlantis Books 30

B
Bad Schussenried 34
Baltimore 36
Bangkok 38
Banon 40
Barcelona 42
Barrie, J.M. 117
Bateman, Patrick 57
Baum, Frank L. 327
Baum, Vicki 143
Beach, Sylvia 275
Béhague, Martin de 140
Belgien 26
Berlin 44
- Buchhandlung Bücherbogen 44
- Grimm-Zentrum 44
- Philologische Bibliothek 44
Bernkastel-Kues 8
Bibel 46
Biblioburro 204
Binhai-Bibliothek 288
Blockdruck 48
Bloomsday 50
Bodleian Library 230
Bonn 52
Book of Kells 97
Bordighera 54
Bösewichte 56
Bouquinistes 58
Braidense, Nationalbibliothek 102, 192
Braille 60
Brasilien 10, 258
Brecht, Bertolt 273
Breslau 14
British Library 62
Bruna, Dick 302
Buchbinder 64
Bücherschränke 66
Budapest 68
Buenos Aires 108
Bukarest 70
Busan 30
Butler, Samuel 327
Büttenpapier 320
Byron, Lord 117

C
Camondo, Nissim de 210
Casanova, Giacomo 117
Catalunya, Biblioteca de 42
Celsus-Bibliothek 112
Centro de Arte Reina Sofía 189
Cesena 74
Chetham's Library 186
China 2, 48, 76, 94, 124, 156, 232, 240, 278, 288
- Nationalbibliothek 240
Chongqing 76
Christiansborg, Schloss 166
Christie, Agatha 72
City Lights 78
Clementinum 80
Coimbra 82
Conrad, Joseph 159
Corvey, Kloster 84

D
Dahl, Roald 220, 273
Dänemark 166, 276
Daunt Books 88
Debrecen 90
Delamain, Librairie 14
Des Moines 148
Deutschland 4, 8, 34, 44, 52, 66, 84, 92, 106, 120, 130, 136, 158, 174, 196, 198, 212, 228, 252, 286, 298, 318, 332
- Nationalbibliothek 92
Dickens, Charles 117
Dongba-Manuskripte 94
Dostojewski, Fjodor 159
Doyle, Arthur Conan 138
Dracula 57
Dubai 66
Dublin 50, 96
Dujiangyan 2, 86
Durban 98

E
Eco, Umberto 102
Edinburgh 104
Eine-Erde-Altar 106
El Ateneo 108
El Escorial 110
El Péndulo 100
Ende, Michael 327
Ephesos 112
Estland 290
Exlibris 114
Exzentrisch! 116

F
Fidschi 46
Finnland 132
Frammersbach 66
Frank, Anne 25
Frankfurt am Main 93, 120
Frankreich 14, 17, 18, 40, 58, 118, 140, 144, 172, 176, 210, 236, 274, 314
Französische Nationalbibliothek 236
Future Library 218

G
Gaienhofen 136
Goddard, Paulette 273
Goethe-Haus 120
Goethe, Johann Wolfgang von 4, 120, 324
Gollum 57
Görlitz 122
Griechenland 28 ff.
Guiyang 124
Gutenberg-Bibel 126
Gutenberg, Johannes 126

H
Hatchards 128
Hauptmann, Gerhart 130
Helsinki 132
Hemingway, Ernest 134
Herzog August Bibliothek 332
Herzogin Anna Amalia Bibliothek 324
Hesse, Hermann 136
Hethiter 160
Hiddensee 130
Hilton, James 327
Holmes, Sherlock 138
Hook, Captain 57
Hôtel de Béhague 140
Hotels 142
Hound Tor 138
Hugo, Victor 144

I
Ibn Sina 152
Indien 164, 242
Inverness 146
Iowa 148
Iran 162
Irland 50, 96
Irving, John 143
Island 150
Istanbul 152
Italien 54, 74, 102, 192, 196, 214, 276, 304

J
Japan 204, 320
Jemen 17
Joanina, Biblioteca 82
Johannesburg 6
John Rylands Library 194
Jólabókaflóð 150
Jousseaume, Librairie 118

K
Kairo 154
Kalligrafie 156
Kanada 226
Kasinos 158
Keilschriften 160
Kerman 162
Key West 134
King, Stephen 143
Kolkata 164
Kolumbien 204
Kopenhagen 166
Kronborg Slot 276

L
Lagerlöf, Selma 170
Le Havre 314
Le Somail 172
Leipzig 92, 174
Ler Devagar 180
Lettland 256
- Nationalbibliothek 256
Lewis, C.S. 327
Library of Congress 322
Lido 196
Lille 176
Linné, Carl von 178
Lissabon 180
Litauen 196
Literarität 182
Livraria Lello 244
Ljubljana 168

London 62, 88, 128, 138, 276, 316
Los Angeles 184
Lübeck 196
Lynnfield 202

M
Macbeth, Lady 57
Madrid 188, 238
Mafra 190
Mailand 102, 192
Malatestiana, Biblioteca 74
Malmö 202
Manchester 186, 194
Mann, Thomas 196
Mårbacka 170
Maria Theresia, Kaiserin 192
Marienstatt, Abtei 198
Marokko 254
Marpha 200
Martin, George R. R. 326
Mäusegroß 202
Menéndez Pelayo, Marcelino 266
Mexiko 100, 250, 308
Mexiko-Stadt 100, 308
Miller, Arthur 273
Mobile Büchereien 204
Monroe, Marilyn 273
Montagnola 136
Montevideo 208
Morgan Library 206
Morus, Thomas 327

N
Naxi 94
Neal, Patricia 273
Nepal 200
Neresheim 212
Neustift 214
New York City 66, 206, 216, 284
- Public Library 216
Nida 196
Niederlande 24, 296, 302, 306
Niemeyer, Oscar 314
Norwegen 218, 312

O
Oasen 220
Oberlausitzische Bibliothek der Wissenschaften 122
Óbidos 222
Oslo 218
Österreich 20, 224, 270, 328
- Nationalbibliothek 224
Ottawa 226
Ottobeuren 228
Oxford 230
Oxford Union Library 231

P
Palafoxiana, Biblioteca 250
Pannonhalma 234
Paris 14, 17, 58, 118, 140, 144, 210, 236, 274
Parker, Dorothy 116
Paseo del Prado 238
Peabody, George 36
Peking 232, 240
Plantin, Christophe 26
Polen 14
Pondicherry 242
Portland 246
Porto 244
Portugal 82, 180, 190, 222, 244
Powell's Books 246
Prag 80, 248, 282
Proust, Marcel 220
Puebla 250

R
Rabat 254
Real Gabinete Português da Leitura 10, 258
Regensburg 252
Reichenbachfall 138
Remarque, Erich Maria 273
Riga 256
Rio de Janeiro 10, 258
Ritterlich! 260
Rom 276, 310
Rumänien 70

S
San Francisco 78
Sanaa 17
St. Gallen 264
Santander 266
Santiago de Compostela 268
Santorin 32
Schauspielerinnen 272
Schlägl, Stift 270
Schneverdingen 106
Schweden 170, 280
Schweiz 136, 138, 264
Seedorn, Haus 130
Seoul 262
Shakespeare and Company 17, 274
Shakespeare, William 276
Shaoyang 278
Shaw, George Bernard 220
Slowenien 168
Spanien 42, 110, 188, 238, 266 ff.
Sprachen 300
Stockholm 280
Strahov, Kloster 282
Strand Book Store 284
Stratford-upon-Avon 276
Streithausen 198
Stuttgart 286
Südafrika 6, 98
Südkorea 30, 262, 294
Swift, Jonathan 327

T
Tartu 290
Teuer! 292
Thailand 38
Thompson, Hunter S. 117
Tianjin 288
Tolkien, J.R.R. 327
Towles, Amor 143
Trinity College 96
Tripitaka Koreana 294
Tschechien 80, 248, 282
Türkei 112, 152, 160

U
Ulm 298
Ungarn 68, 90, 234
Uralt! 300
Uruguay 208
USA 36, 66, 78, 134, 148, 184, 202, 206, 216, 246, 284, 322
Utrecht 296, 302

V
Van der Velde Boeken 306
Vasconcelos, Biblioteca 308
Vatikan 310
Venedig 304
Vennesla 312
Vereinigtes Königreich 62, 88, 104, 128, 138, 186, 194, 228, 276, 316, 330
Verona 276
Volcan, Le 314

W
Waldsassen, Kloster 318
Wallace, Edgar 159
Washi 320
Washington, D.C. 322
Weigel, Helene 273
Weimar 4, 324
Wells, H. G. 117
Weltenschöpfer 326
Wiblingen, Kloster 298
Wien 224, 328
Wiesbaden 158
Winchester 330
Wolfenbüttel 332
Word on Water 316

X
Xi'an 12

Z
Zhonghshuge 2, 76, 124
Zwerge 14
Zwolle 306

Bildnachweis · Impressum

A = Alamy; C = Corbis; G = Getty;
M = Mauritius Images

Cover: Wengang Zhai/unsplash.com

S. 2/3 G/China News Service, S. 4/5 H.& D. Zielske, S. 6/7 Sunshine Seeds/Shutterstock.com, S. 8/9 H.& D. Zielske, S. 10/11 Diego Grandi/Shutterstock.com, S. 12/13 canghai76/Shutterstock.com, S. 14/15 Look/Hemis, S. 14/15 Iva Vagnerova/Shutterstock.com, S. 16/17 G/Peter Adams, S. 16/17 Picture Alliance/Dumont Bildarchiv/Frank Heuer/Laif, S. 18/19 Look/Photononstop, S. 20 G/Drazen Lovric, S. 21 M/Martin Siepmann, S. 22/23 G/Giuseppe Cacace , S. 23 Cristian Zamfir/Shutterstock.com, S. 23 John Wreford/Shutterstock.com, S. 24/25 Todamo/Shutterstock.com, S. 25 M/Nikolai Sorokin, S. 26/27 M/Alamy, S. 28 Pit Stock/Shutterstock.com, S. 29 M/Alamy, S. 30/31 f11photo/Shutterstock.com, S. 32/33 M/Matthew Ashmore, S. 34/35 H. & D. Zielske, S. 36 G/Jhu Sheridan Libraries/Gado, S. 37 Andrea Izzotti/Shutterstock.com, S. 38/39 Radiokafka/Shutterstock.com, S. 40/41 Look/travelstock44, S. 42/43 Look/age fotostock, S. 44 Picture Alliance/Dumont Bildarchiv/Ralf Freyer, S. 45 Look/Karl Johaentges, S. 45 H.& D. Zielske, S. 46/47 Look/Holger Leue, S. 48 G/China Photos, S. 49 G/Zhang Peng, S. 50/51 Picture Alliance/Brian Lawless, S. 52/53 M/Rainer Waldkirch, S. 54/55 Look/Daniel Schoenen Fotografie, S. 56/57 G/Maja Hitij, S. 58/59 Nadiia Gerbish/Shutterstock.com, S. 60/61 Look/age fotostock, S. 62 TK Kurikawa/Shutterstock.com, S. 62 G/Philippe Lissac, S. 62 M/Loop Images, S. 63 Picture Alliance/Dumont Bildarchiv/Martin Sasse, S. 64/65 Look/Katharina Jaeger, S. 66 Look/Holger Leue, S. 66 M/Andrey Khrobostov, S. 67 M/Spencer Jones, S. 68/69 Szabolcs Magyar/Shutterstock.com, S. 70 Picture Alliance/Dumont Bildarchiv/Joerg Modrow, S. 70 cacei.ro/Shutterstock.com, S. 71 cacei.ro/Shutterstock.com, S. 72/73 M/Stephan Gabriel, S. 74/75 G/Roberto Serra - Iguana Press, S. 76 QinJin/Shutterstock.com, S. 77 katjen/Shutterstock.com, S. 78/79 Robert Mullan/Shutterstock.com, S. 80/81 Repina Valeriya/Shutterstock.com, S. 82/83 M/Marcin Jamkowski, S. 84/85 Look/Darshana Borges, S. 86/87 G/Vcg, S. 88/89 inProgressImaging/Shutterstock.com, S. 90/91 Look/Photononstop, S. 92/93 H. & D. Zielske, S. 94 Alamy/Corbin17, S. 94 G/Pictures from History, S. 95 G/Pictures from History, S. 97 C/Carl Bruemmer, S. 98/99 Look/Klambt Style-Verlag/L. Emuel, S. 100/101 M/Frank Nowikowski, S. 102/103 Alamy/Abaca Press, S. 104/105 Alamy/Horst friedrichs, S. 106/107 Picture Alliance/Dumont Bildarchiv/Gerald Haenel, S. 108/109 Look/travelstock44, S. 110/111 Look/age fotostock, S. 111 G/Jmn, S. 112/113 Mazur Travel/Shutterstock.com, S. 114/115 G/ZU_09, S. 116/117 G/New York Times Co., S. 118/119 Look/Hemis, S. 120/121 H.& D. Zielske, S. 122/123 Look/travelstock44, S. 124/125 G/Vcg, S. 126 G/Universal History Archive, S. 127 G/Heritage Images, S. 127 G/Heritage Images, S. 128/129 Olivier Guiberteau/Shutterstock.com, S. 130/131 H.& D. Zielske, S. 132/133 Look/Monica Gumm, S. 133 Look/Monica Gumm, S. 134 Chuck Wagner/Shutterstock.com, S. 135 Chuck Wagner/Shutterstock.com, S. 136 Look/Arthur F. Selbach, S. 136 Look/Thomas Stankiewicz, S. 136 M/Westend61, S. 137 M/imageBROKER, S. 139 G/Mark Webb, S. 139 Look/Franz Marc Frei, S. 139 M/Steve Vidler, S. 139 Alla Khananashvili/Shutterstock.com, S. 139 G/Sopa Images, S. 139 M/Matthew Chattle, S. 140/141 Look/Hemis, S. 142/143 Look/Holger Leue, S. 144/145 M/Michael Nitzschke, S. 146/147 Alamy/Hugh Mitton, S. 148 Look/age fotostock, S. 149 Look/age fotostock, S. 150 M/Ragnar Th Sigurdsson, S. 151 M/Ragnar Th Sigurdsson, S. 152 Alamy/Science History Images, S. 153 Alamy/Science History Images, S. 154/155 SolieT/Shutterstock.com, S. 156/157 M/Mattes René, S. 158/159 Look/Sabine Lubenow, S. 160 M/Paul Williams, S. 161 M/Paul Williams, S. 162/163 G/Eric Lafforgue, S. 164/165 Look/robertharding, S. 166 M/David Muscroft, S. 166/167 Picture Alliance/Dumont Bildarchiv/Peter Hirth, S. 168/169 M/Steve Outram, S. 170/171 Look/Hauke Dressler, S. 172/173 Look/Bethel Fath, S. 174 M/Anja Nature, S. 175 Look/Sylvia Pollex, S. 175 Jan Adler/Shutterstock.com, S. 175 Look/robertharding, S. 176/177 vali.lung/Shutterstock.com, S. 178 M/Photostock-Israel, S. 179 M/Memento, S. 180/181 Look/Design Pics, S. 182/183 Look/Hauke Dressler, S. 184/185 FiledIMAGE/Shutterstock.com, S. 186/187 Dimi Jeckov/Shutterstock.com, S. 188 Look/age fotostock, S. 189 M/Art Kowalsky, S. 190 Appreciate/Shutterstock.com, S. 191 M/Martin Zwick, S. 192/193 Look/robertharding, S. 194/195 M/Nick Higham, S. 196/197 Look/Sabine Lubenow, S. 196/197 G/W. Buss, S. 197 H.& D. Zielske, S. 198/199 Look/Brigitte Merz, S. 200/201 Look/age fotostock, S. 202 G/Joseph Prezioso, S. 202 G/Joseph Prezioso, S. 203 G/Joseph Prezioso, S. 203 G/Joseph Prezioso, S. 204/205 G/Kei Uesugi, S. 206/207 Mariusz Lopusiewicz/Shutterstock.com, S. 208/209 M/Kseniya Ragozina, S. 210/211 Look/Hemis, S. 212/213 H. & D. Zielske, S. 214/215 Look/ClickAlps, S. 216/217 G/Adamkaz, S. 218/219 Nowaczyk/Shutterstock.com, S. 220/221 G/Ian Cook, S. 221 G/Jimmy Sime, S. 221 G/Keystone Features, S. 222 Matyas Rehak/Shutterstock.com, S. 222 Matyas Rehak/Shutterstock.com, S. 223 Sonia Bonet/Shutterstock.com, S. 224/225 TheRaspberryFool/Shutterstock.com, S. 226/227 Look/Holger Leue, S. 228/229 Picture Alliance/Dumont Bildarchiv/Thomas Roetting/Sylvia Pollex, S. 230/231 Serg Zastavkin/Shutterstock.com, S. 231 M/Alamy, S. 232/233 G/Jeff Greenberg, S. 234/235 Look/age fotostock, S. 236/237 G/Francois Guillot, S. 237 M/David Henry, S. 237 Look/Karl Johaentges, S. 238/239 Pabkov/Shutterstock.com, S. 240 cowardlion/Shutterstock.com, S. 240 Look/Sylvia Pollex, S. 241 M/Alamy, S. 242/243 G/Eye Ubiquitous, S. 244/245 Look/Hemis, S. 246/247 Manuela Durson/Shutterstock.com, S. 248 Look/age fotostock, S. 249 M/Cavan Images, S. 250/251 M/Schoening, S. 252/253 Look/Thomas Schweigert, S. 254/255 G/NurPhoto, S. 256 fotokaleinar/Shutterstock.com, S. 257 M/A. Farnsworth, S. 258/259 G/Mpafoto, S. 260/261 M/Alamy, S. 262/263 THONGCHAI.S/Shutterstock.com, S. 264/265 Look/Avalon.red2, S. 265 M/Alamy, S. 265 M/Alamy, S. 266/267 Look/age fotostock, S. 268/269 Look/age fotostock, S. 270/271 M/Martin Siepmann, S. 272/273 M/Alamy, S. 274/275 Look/Hemis, S. 277 Nigel Jarvis/Shutterstock.com, S. 277 G/Robbie Jack, S. 277 M/Chris Dorney, S. 277 G/Alxpin, S. 277 Look/robertharding, S. 277 G/Oli Scarff, S. 278/279 G/Vcg, S. 280/281 bzzup/Shutterstock.com, S. 282/283 G/Hardtodigit, S. 284 Xackery Irving/Shutterstock.com, S. 285 Drop of Light/Shutterstock.com, S. 286/287 RossHelen/Shutterstock.com, S. 288/289 G/Fred Dufour, S. 290/291 G/Mint Images, S. 292/293 Vasyl Rohan/Shutterstock.com, S. 294 G/Sebastien BERGER, S. 294 G/Eye Ubiquitous, S. 295 Look/Per-Andre Hoffmann, S. 295 G/John van Hasselt - Corbis, S. 296/297 G/Frans Sellies, S. 298/299 H. & D. Zielske, S. 300 M/Fine Art Images, S. 301 Oleg Golovnev/Shutterstock.com, S. 302/303 Dutchmen Photography/Shutterstock.com, S. 303 Jolanda Aalbers/Shutterstock.com, S. 304/305 Look/Karl Johaentges, S. 306/307 R. de Bruijn_Photography/Shutterstock.com, S. 308/309 G/Amith Nag Photography, S. 310/311 M/Marion Kaplan, S. 312/313 M/Alamy, S. 314/315 Look/Hemis, S. 316/317 Landscape Stock Photos/Shutterstock.com, S. 318 H.& D. Zielske, S. 319 H.& D. Zielske, S. 320 G/Carl Court, S. 320/321 G/The Asahi Shimbun, S. 320/321 G/Carl Court, S. 322/323 Sean Pavone/Shutterstock.com, S. 324/325 H. & D. Zielske, S. 326/327 G/San Francisco Chronicle/Hearst Newspapers via Getty Images, S. 328/329 M/Alamy, S. 330/331 Look/age fotostock, S. 330/331 H.& D. Zielske, S. 333 Look/Karl Johaentges.

MAIRDUMONT GmbH & Co. KG, Ostfildern
Kistlerhofstraße 111
81379 München
Telefon +49.89.45 80 20-0
Fax +49.89.45 80 20-21

www.kunth-verlag.de
info@kunth-verlag.de

1. Auflage
ISBN 978-3-96965-146-9

Printed by GPS in Bosnia and Herzegovina

FSC
www.fsc.org
MIX
Papier | Fördert gute Waldnutzung
FSC® C118234

Verlagsleitung: Grit Müller
Redaktion: Jennifer Valentin
Gestaltung: Birte Schultze
Text: Susanne Lipps, Katinka Holupirek, Laura Joppien, Jennifer Valentin

Zur besseren Lesbarkeit wird in diesem Buch das generische Maskulinum verwendet. Die verwendeten Personenbezeichnungen beziehen sich – sofern nicht anders kenntlich gemacht – auf alle Geschlechter.